Retrouvez nos prochaines parutions, les résumés de tous les ouvrages du catalogue, le blog avec les interviews des auteurs et les événements à ne pas rater. Votre avis nous intéresse : dialoguez avec nos auteurs et nos éditeurs. Tout cela et plus encore sur internet à :

www.leduc-s.com

33, rue Linné
75005 Paris - France
E-mail : infos@leduc-s.com
ISBN : 978-2-84899-191-7

c'est un Garçon !

5000 prénoms

2008

LEDUC.S
EDITIONS

*Les prénoms de cet ouvrage ont été recueillis
et sélectionnés par Alix Leduc
qui remercie Sophie, Thomas, Krystel, Denis,
Emmanuelle et Laurent pour leur aide.*

5 000 prénoms de A à Z

Avant-propos

Voici quelques semaines, Bébé a annoncé son arrivée prochaine. Vos pensées, vos projets, se sont vite organisés autour de sa venue. Il fait déjà partie de votre vie et a sa place dans la famille. Il a été « le bébé », un grand espoir de bonheur, encore un peu inconnu, jusqu'au moment de la révélation :

C'est un garçon !

Et voici que votre petit bonhomme devient plus présent dans votre cœur. Très vite, maintenant, vous voulez choisir son prénom, afin qu'il soit plus réel dans votre vie et plus personnalisé dans vos conversations.

Des prénoms pour votre petit garçon, il en existe des milliers, et l'état civil n'impose plus guère de contraintes. Les jeunes parents n'ont que l'embarras du choix.

Ce livre vous présente plus de 5 000 prénoms masculins d'ici et d'ailleurs, rares ou classiques, anciens ou actuels.

Aujourd'hui, des parents qui ont des origines étrangères, même lointaines, ont souvent le désir d'attribuer à leur enfant un prénom qui rappelle leur généalogie. Le petit-fils d'une famille danoise sera fier de se nommer Ingmar, le descendant d'une famille italienne portera dignement le prénom d'Enzo.

Les prénoms composés réapparaissent. Non plus conventionnels, comme Jean-Pierre ou Jean-Paul, mais librement composés par des parents soucieux de donner à leur enfant

un prénom sur mesure, comme par exemple Gabriel-Kean, Paul-Ciaran, Louis-Timaï, Vincent-Titien...
Les prénoms eux aussi suivent une mode. C'est pourquoi, nous vous présentons ici un top 100 des prénoms masculins les plus attribués dans l'année en cours. Pour les 10 premiers d'entre eux, nous vous donnons quelques informations plus précises sur leur étymologie, leur signification, la date de leur fête et la vie du saint qui les protège.
Parcourez chaque page de ce livre, notez les prénoms qui vous plaisent. Puis associez-les à votre nom de famille, et prononcez l'ensemble à haute voix. L'harmonie entre le nom et le prénom est très importante.
N'oubliez pas que votre enfant devra se présenter, à l'école, dans sa vie sociale et professionnelle, des millions de fois. Relisez ces prénoms, écrivez-les. Petit à petit la sélection se fera, comme si votre petit garçon dans le secret de votre merveilleuse intimité voulait influencer votre décision.

Comment utiliser ce livre

Paul *latin*
fragile **29 JUIN**

• vous indique : le prénom, son origine, sa signification, la date de sa fête.

Matti *finlandais*
voir Matthieu

• vous informe que ce prénom est une forme finlandaise de Matthieu. En vous reportant au prénom Matthieu vous connaîtrez l'étymologie, la signification et la date de la fête de Matti.

Élias
voir Élie

• signifie que ce prénom est une variante de Elie, ayant la même origine.

Les prénoms les plus attribués cette année

TOP 10 2008

Le top 10 2008

Mattéo	Lucas
Enzo	Ethan
Yannis	Evan
Mathis	Noah
Nathan	Raphaël

Et aussi...

Adam
Adrien
Alexandre
Alexis
Angelo
Antoine
Antonin
Armand
Arthur
Aurélien
Axel
Baptiste
Basile
Bastien
Benjamin
Bryan
Charles
Clément
Colin
Corentin
Damien
David
Diego
Dorian
Dylan
Elias
Eliott
Elouan
Erwan
Esteban
Ewan
Fabio
Florian
Gabin
Gabriel
Gaspard
Gaston
Hugo
Ilan
Joachim
Jean
Jérémie
Josuah
Jules
Julien
Killian
Lenny
Léo

Liam
Lilian
Loan
Logan
Lorenzo
Louis
Maël
Malo
Marius
Martin
Mathias
Mathieu
Maxence
Maxime
Melvin
Nicolas
Nino
Noé
Nolan
Oscar
Pablo
Paul
Pierre
Quentin
Rayan
Rémi
Robin
Romain
Sacha
Samuel
Simon
Théo
Thibaut
Thomas
Timéo
Timothée
Titouan
Tom
Tristan
Valentin
Victor
Zacharie

A

Aare *finlandais*
voir Aaron

Aaron *hébraïque*
qui suit — **22 JUIN**

Abachum *latin*
issu de Bacchus — **19 JANV.**

Abarran *basque*
voir Abraham

Abba *araméen*
père — **15 AVRIL**

Abbas *arabe*
élevé

Abbon
voir Abba

Abbou *arabe*
l'homme

Abda *arabe*
piété

Abdallah *arabe*
serviteur de Dieu

Abdelkhader *arabe*
serviteur de l'omnipotent

Abdelkrim *arabe*
serviteur du généreux

Abdelmalek *arabe*
serviteur du Maître

Abdias *hébraïque*
serviteur de Dieu

Abdon *hébraïque*
petit serviteur — **30 JUIL.**

Abenadar *persan*
qui vient de loin — **25 JUIL.**

Abidon
voir Abdon

Abdullah
voir Abdallah

Abeau
voir Abel

Abel *hébraïque*
qui passe — **5 AOÛT**

Abelain
voir Abel

Abélard
voir Abel

Abelin
voir Abel

Abi *scandinave*
voir Abraham

Abner *hébraïque*
père de la lumière

Abondance *latin*
richesse

Abraham *hébraïque*
père **20 DÉC.**

Abramo *italien*
voir Abraham

Absalom *hébraïque*
père en paix **21 MARS**

Acace *grec*
innocent **10 MARS**

Accurse *latin*
l'homme qui accourt **16 JANV.**

Aceptimas *persan*
14 MARS

Achab *hébraïque*
frère

Achaire *grec*
remède **8 JUIN**

Achiel *néerlandais*
voir Achille

Achille *grec*
patronymique **12 MAI**

Achillios *grec*
voir Achille

Achir *arabe*
compagnon

Achmed *arabe*
avantageux

Achraf *arabe*
le meilleur

Actéon *grec*
patronyme mythologique

Adaël *hébraïque*
ornement de Dieu

Adahi *amérindien Cherokee*
homme des bois

Adaiah *hébraïque*
témoin de Dieu

Adalard
voir Adalbald

Adalbald *germanique*
noble hardi **2 MAI**

Adalberon *germanique*
noble ours **4 JUIL.**

Adalbert *germanique*
noble puissant **15 NOV.**

Adalfried *germanique*
noble généreux

Adalgis *germanique*
noble sage **15 NOV.**

Adalric *germanique*
tout puissant **29 SEPT.**

Adalphard
voir Adalbald

Adam *hébraïque*
en terre 24 DÉC.

Adamant
voir Adam

Adamako *basque*
voir Abraham

Adamo *italien*
voir Adam

Adaya
voir Adaiah

Addison *anglais*
fils d'Adam

Adegrin *germanique*
noble cruel 4 JUIN

Adeï *basque*
respectueux

Adel *arabe*
honorable

Adelbert
voir Adalbert

Adelind *germanique*
noble doux 4 FÉV.

Adelphe *grec*
frère 11 SEPT.

Adem *arabe*
voir Adam

Adenet
voir Adam

Adenot
voir Adam

Adéodat
voir Déodat

Adesios *latin*
consacré à Dieu 4 JUIL.

Adhémar *germanique*
noble maison 24 MARS

Adib *arabe*
cultivé

Adiel
voir Adaël

Adil *arabe*
juste

Adim *arabe*
lumière

Adin *hébraïque*
séduisant

Adiran *basque*
voir Adrien

Adiv *hébraïque*
doux

Adjuteur
voir Adjutor

Adjutor *latin*
secourable 30 AVRIL

Adjutus
voir Adjutor

Adlai *hébraïque*
justice divine

Adler *anglais*
un aigle

Admon *hébraïque*
pivoine rouge

Adnan *arabe*
installé, sédentaire

Adolphe *germanique*
noble loup — **14 FÉV.**

Adon *hébraïque*
seigneur — **24 AOÛT**

Adoniah
voir Adonias

Adonias *hébraïque*
Dieu est maître

Adonis *grec*
beau

Adorjan *hongrois*
voir Adrien

Adoufe *provençal*
voir Adolphe

Adrian
voir Adrien

Adriano *espagnol/italien*
voir Adrien

Adrianos *grec*
voir Adrien

Adriel *hébraïque*
troupeau de Dieu

Adrien *latin*
d'Adria — **8 SEPT.**

Adrik *russe*
voir Adrien

Adulphe *germanique*
voir Adolphe

Adventor *latin*
avènement — **20 NOV.**

Aegide
voir Egide

Aegis
voir Egide

Ael *grec*
messager — **5 MAI**

Aelig *breton*
voir Ael

Aelius
voir Ange

Aelred *germanique*
noble conseil — **3 MARS**

Aeneas *grec*
patronymique

Aernout *flamand*
voir Arnaud

Aeson *grec*
patronyme mythologique

Aethère *grec*
cieux — **5 OCT.**

Aetios *grec*
aigle

Aetius *latin*
patronymique

Aetza *basque*
originaire de la vallée d'Aetz

Afaïtu *polynésien*
envoyé

Afanassi *russe*
voir Athanase

Afinoguen *grec*
de noble race 19 JUIL.

Afoni *grec*
généreux 15 NOV.

Agapet *grec*
amour 20 SEPT.

Agapios *grec*
voir Agapet

Agapit
voir Agapet

Agathange *grec*
bon messager 5 FÉV.

Agathon *grec*
bon 10 JANV.

Agathopode *grec*
qui a bon pied 25 AVRIL

Agathopos
voir Agathopode

Agénor *grec*
vaillant 10 MARS

Aggée *hébraïque*
en fête

Aggelos *grec*
voir Angel

Ager *hébraïque*
celui qui rassemble

Agilbert *germanique*
brillant otage 11 OCT.

Agile *germanique*
lame 29 FÉV.

Agnan *grec*
chaste 21 JANV.

Agnanu *corse*
voir Agnan

Agnel
voir Agnan

Agnello *italien*
voir Agnan

Agoard *franc*
lame dure 27 JUIN

Agobart *germanique*
dure lance 6 JUIN

Agoitz *basque*
région de Navarre

Agosti *basque*
voir Auguste

Agostinho *portugais*
voir Augustin

Agoston *hongrois*
voir Auguste

Agricola *latin*
homme des champs **17 MARS**

Agricole
voir Agricola

Agrippa *latin*
de la famille Agrippa **8 AOÛT**

Agrippin
voir Agrippa

Agrippinu *corse*
voir Agrippa

Agueï *grec*
solennel **29 DÉC.**

Agust *provençal*
voir Auguste

Agustin *espagnol*
voir Augustin

Ahiyya *hébraïque*
mon frère est Yavé

Ahmad
voir Ahmed

Ahmed *arabe*
illustre

Aibert *germanique*
illustre maison **7 AVRIL**

Aidan *gaélique*
feu *(prénom mixte)* **31 JANV.**

Aignan *grec*
pur **17 NOV.**

Ailbe *irlandais*
voir Alban

Ailill *irlandais*
lutin

Ailin *irlandais*
voir Alain

Ailred
voir Aelred

Aimable *latin*
aimable **18 OCT.**

Aimé *latin*
qui mérite d'être aimé **13 SEPT.**

Aimeri
voir Amaury

Ainaut *basque*
voir Arnaud

Aindreas *irlandais*
voir André

Aingeru *basque*
voir Ange

Ainmire *irlandais*
puissant seigneur

Airald
voir Harald

Airy *germanique*
puissante maison **1er DÉC.**

Aitzuri *basque*
pierre blanche

Aixandre *basque*
voir Alexandre

Aka *hawaïen*
voir Arthur

Akbar *arabe*
grand

Ake *scandinave*
ancêtre

Akecheta *amérindien Sioux*
guerrier

Akef *arabe*
pieux

Akihiko *japonais*
garçon brillant

Akil *arabe*
intelligent

Akil *basque*
voir Achille

Akim *scandinave*
voir Joachim

Akira *japonais*
intelligent

Akiva *hébraïque*
talon

Akoni *hawaïen*
voir Antoine

Akostin *albanais*
voir Augustin

Akram *arabe*
noble

Aksel *norvégien*
voir Axel

Aksenti *grec*
grandi **25 JUIN**

Alain *latin*
des Alani **9 SEPT.**

Alaire
voir Hilaire

Alajos *hongrois*
voir Louis

Alan *anglo-saxon*
voir Alain

Alano *espagnol*
voir Alain

Alaois *irlandais*
voir Louis

Alaoui *arabe*
supérieur

Alar
voir Eloi

Alaric *germanique*
tout puissant 29 SEPT.

Alary
voir Alaric

Alasdair *gaélique*
voir Alexandre

Alastair *anglo-saxon*
(prénom mixte) voir Alexandre

Alatz *basque*
prodigue

Alban *latin*
blanc 22 JUIN

Albanell *catalan*
voir Alban

Albano *portugais*
voir Alban

Albéric *germanique*
très puissant 26 JANV.

Alberigo *espagnol*
voir Albéric

Albert *germanique*
noble puissant 15 NOV.

Alberto *italien*
voir Albert

Albertu *corse*
voir Albert

Albin
voir Alban

Albrecht *alsacien*
voir Albert

Alby
voir Alban

Alceste *grec*
patronymique

Alcibiade *grec*
patronymique 2 JUIN

Aldebert
voir Albert

Aldemar *germanique*
noble et ancien 24 MARS

Aldhelm *germanique*
noble protection 25 MAI

Aldo *germanique*
noble 26 AVRIL

Aldous *anglais*
voir Aldo

Aldric *germanique*
noble roi 7 JANV.

Aldwin
voir Baudouin

Aleaume *germanique*
noble protection 30 JANV.

Alec *anglais*
voir Alexandre

Alecu *roumain*
voir Alexis

Alejandro *espagnol*
voir Alexandre

Aleko *bulgare*
voir Alexis

Alekos *grec*
voir Alexis

Aleksander *polonais/ukrainien*
voir Alexandre

Aleksy *polonais*
voir Alexandre

Alena *hawaïen*
voir Alain

Alès *basque*
voir Alexis

Alesko *basque*
voir Alexis

Alessandro *italien*
voir Alexandre

Alessio *italien*
voir Alexis

Alèthe *latin*
ailé **11 JUIL.**

Alex *(diminutif)*
voir Alexandre

Alexandar *bulgare*
voir Alexandre

Alexander *anglo-saxon*
voir Alexandre

Alexandras *lituanien*
voir Alexandre

Alexandre *grec*
qui repousse **22 AVRIL**

Alexandrès *grec*
voir Alexandre

Alexandru *roumain*
voir Alexandre

Alexandur *bulgare*
voir Alexandre

Alexeï *russe*
voir Alexis

Alexès *grec*
voir Alexis

Alexis *grec*
qui repousse **17 FÉV.**

Alfonso *italien*
voir Alphonse

Alfred *germanique*
grande paix **15 NOV.**

Alfredo *espagnol*
voir Alfred

Algis *germanique*
noble lance **2 JUIN**

Ali *arabe*
supérieur

Alika *hawaïen*
voir Alexandre

Aliocha *russe*
voir Alexandre

Alistair *anglo-saxon*
voir Alexandre

Aljoscha *slave*
voir Alexandre

Alkibiadès *grec*
voir Alcibiade

Alkime *grec*
vaillant

Allan
voir Alain

Allard *anglais*
brave, noble

Allary *anglo-saxon*
voir Alaric

Allastair *gaélique*
voir Alexandre

Allen
voir Alain

Allistair *gaélique*
voir Alexandre

Allore *breton*
voir Alaric

Allowin *germanique*
ami 1er OCT.

Allyre *latin*
lyre 7 JUIL.

Almar
voir Aldemar

Almut *franc*
noble courage

Aloi *gascon*
voir Elie

Aloïs
voir Louis

Alojz *croate*
voir Louis

Alonzo *espagnol*
voir Alphonse

Alor *latin*
cavalier 26 OCT.

Alatz *basque*
prodigue

Aloys
voir Louis

Alpais *araméen*
bouvier 3 NOV.

Alphand *latin*
éléphant 31 AOÛT

Alphée *grec*
bouvier 17 NOV.

Alphonse *germanique*
vif 1er AOÛT

Alrik
voir Aldric

Alrigo *italien*
voir Aldric

Alvar *tamoule*
profondeur

Alvarez *espagnol*
voir Albéric

Alvaro *espagnol/portugais*
voir Albéric

Alvin *germanique*
noble ami

Alwin
voir Alvin

Alype *grec*
sans souci 26 NOV.

Amable
voir Aimable

Amadeo *italien*
voir Aimé

Amadeu *catalan*
voir Aimé

Amadis
voir Amédée

Amado *espagnol*
voir Aimé

Amadour
voir Aimé

Amaël
voir Maël

Amalbert *germanique*
brillant roi 17 JANV.

Amalric *germanique*
noble roi 15 JANV.

Amance *latin*
qui aime 4 NOV.

Amand *latin*
amoureux 6 FÉV.

Amandin
voir Aimable

Amanet
voir Amand

Amaniu *gascon*
voir Manuel

Amans
voir Amand

Amar *arabe*
bâtisseur

Amarand *latin*
qui aime 7 NOV.

Amarin *latin*
aimé 25 JANV.

Amateur *latin*
qui aime 1er MAI

Amato *italien*
voir Aimé

Amauric
voir Amaury

Amaury *latin*
maur — 15 JANV.

Amavel
voir Aimable

Ambroise *grec*
immortel — 7 DÉC.

Ambrose *anglo-saxon*
voir Ambroise

Ambrus *hongrois*
voir Ambroise

Amdjid *arabe*
glorieux

Amédée *latin*
aimé de Dieu — 30 MARS

Amélien
voir Emile

Améric
voir Amalric

Amerigo *espagnol*
voir Amalric

Amhlaoibh *irlandais*
voir Olaf

Amiel *provençal*
voir Emile

Amilcar *espagnol*
patronymique

Amin *arabe*
pieux

Amir *arabe*
populaire

Amnon *hébraïque*
fidèle

Amori
voir Amaury

Amos *hébraïque*
chargé — 31 MARS

Amour *latin*
amour — 9 AOÛT

Amram *hébraïque*
peuple nombreux

Amri *arabe*
persévérant

Amvrossi *russe*
voir Ambroise

Anaclet *grec*
rappelé — 26 AVRIL

Anaiah *hébraïque*
Dieu répond

Analu *hawaïen*
voir André

Anaiola *basque*
voir Anatole

Ananias *hébraïque*
Yahvé a eu pitié — 16 DÉC.

Ananie
voir Ananias

Anare *polynésien*
voir Henri

Anastagio *italien*
voir Anastase

Anastase *grec*
résurrection **22 JANV.**

Anastasian
voir Anastase

Anastaz *hongrois*
voir Anastase

Anastagio *italien*
voir Anastase

Anastasio *espagnol*
voir Anastase

Anatole *grec*
aurore **3 JUIL.**

Anatolii *russe*
voir Anatole

Anatolio *italien*
voir Anatole

Anatolios *grec*
voir Anatole

Anatolius *lituanien*
voir Anatole

Ancel
voir Anselme

Ancelin
voir Anselme

Anchise *grec*
patronymique

Andelin
voir Adelind

Andéol *occitan*
voir André

Andere *basque*
voir André

Anders *scandinave*
voir André

Andoche
voir André

Andolf
voir Adolphe

Andoni *basque*
voir Antoine

Andonios *grec*
voir Antoine

Andor *hongrois*
voir André

Andras *hongrois*
voir André

André *grec*
homme **30 NOV.**

Andréa *italien*
(prénom mixte) voir André

Andreas *grec*
voir André

Andreï *russe*
voir André

Andrej *tchèque*
voir André

Andrès *espagnol*
voir André

Andrev *breton*
voir André

Andrew *anglo-saxon*
voir André

Andries *néerlandais*
voir André

Andrija *croate*
voir André

Andrius *lituanien*
voir André

Andros *grec*
voir André

Andruscha *slave*
voir Anré

Andrzeg *polonais*
voir André

Andy *(diminutif)*
voir André

Anfos *provençal*
voir Alphonse

Anfous *provençal*
voir Alphonse

Anfray
voir Ansfrid

Angadrème *germanique*
lame de combat — 14 OCT.

Ange *grec*
messager — 5 MAI

Angel
voir Ange

Angelico *italien*
voir Ange

Angelo *italien*
voir Ange

Angelbert
voir Angilbert

Angilbert *germanique*
lame brillante — 18 FÉV.

Angilran
voir Enguerrand

Anglebert
voir Angilbert

Angus *irlandais*
unique

Anicet *grec*
invincible — 17 AVRIL

Anien *arménien*
d'Ani — 25 AVRIL

Anikeï *russe*
invincible — 20 NOV.

Anissi *grec*
victorieux **18 MARS**

Anissim *grec*
utile **17 JANV.**

Anjiro *japonais*
voir Ange

Anker *danois*
voir André

Anluan *irlandais*
grand champion

Annar *scandinave*
second

Anndra *gaélique*
voir André

Annon *hébraïque*
gracieux **7 MAI**

Annraoi *irlandais*
voir Henri

Anoki *amérindien*
acteur

Antti *finlandais*
voir André

Anouar *arabe*
remarquable

Ansan *germanique*
du dieu Ans **1er DÉC.**

Ansbert *germanique*
illustre dieu Ans **9 FÉV.**

Anschaire *germanique*
lance de Ans **3 FÉV.**

Ansegise *germanique*
otage du dieu Ans **20 JUIL.**

Ansegisel
voir Ansegise

Anselme *germanique*
du dieu Ans **21 AVRIL**

Anselmo *espagnol*
voir Anselme

Ansfrid *germanique*
paix du dieu Ans **11 MAI**

Ansgar *germanique*
voir Anschaire

Anskar *danois*
voir Anschaire

Answald
voir Oswald

Antaeus *grec*
ennemi

Antal *hongrois*
voir Antoine

Antanas *lituanien*
voir Antoine

Antheaume
voir Anthelme

Anthelme *germanique*
du dieu Ans **26 JUIN**

Anthère *grec*
céleste 3 JANV.

Anthime *latin*
camomille 27 AVRIL

Anthony *anglo-saxon*
voir Antoine

Antide *grec*
antidote 17 JUIN

Antii *finlandais*
voir Antoine

Antipas *grec*
patronymique 11 AVRIL

Antoine *latin*
inestimable 13 JUIN et 5 JUIL.

Anton *norvégien*
voir Antoine

Antoni *provençal*
voir Antoine

Antonin *latin*
inestimable 5 JUIN

Antonio *espagnol/italien*
voir Antoine

Antounet *provençal*
voir Antoine

Antounin *provençal*
voir Antonin

Antti *finlandais*
voir André

Antxo *basque*
voir Sancho

Antzo *basque*
voir Sancho

Anzelm *hongrois*
voir Anselme

Aodan
voir Aidan

Aodh *irlandais*
feu

Aodha
voir Aodh

Aodhaig
voir Aodh

Aodhgan
voir Aodh

Aodren
voir Audren

Aonghas *gaélique*
voir Angus

Aoperzh *breton*
voir Aubert

Apaphras *grec*
aimable 19 JUIL.

Aphianos *grec*
fleur d'épine 3 AVRIL

Apiatan *amérindien Sioux*
lance de bois

Apollinaire *grec*
du dieu Apollon **12 SEPT.**

Apollon *grec*
grand destructeur

Apoloniusz *polonais*
voir Apollon

Apphien
voir Aphianos

Aquila *latin*
aigle **8 JUIL.**

Aquilès *espagnol*
voir Aquila

Aquilin *latin*
aigle **18 OCT.**

Aquilon *grec*
vent du nord

Arcadie *latin*
originaire d'Arcadie

Arcadiu *corse*
voir Arcadie

Archambault
voir Archibald

Archibald *germanique*
audacieux **30 AVRIL**

Archie *anglo-saxon*
voir Archibald

Archimède *grec*
originaire de Médie

Arcibaldo *espagnol*
voir Archibald

Arculf *germanique*
excellent loup

Ardal *irlandais*
voir Arnaud

Are *scandinave*
aigle

Aren *danois*
voir Are

Arefi *grec*
vertu **11 OCT.**

Aréïti *polynésien*
petite vague

Arend *germanique*
voir Arnaud

Arenui *polynésien*
grande vague

Ares *grec*
patronymique

Aresti *basque*
voir Aristide

Argan
voir Barthélémy

Argantaël
voir Barthélémy

Argitxu *basque*
petite lumière ***(prénom mixte)***

Aribert *germanique*
voir Héribert

Ariel *hébraïque*
vaillant 29 SEPT.

Arild
voir Arnaud

Aristarque *grec*
le meilleur 4 AOÛT

Aristée
voir Aristarque

Aristeides *grec*
voir Aristide

Aristide *grec*
meilleur enfant 31 AOÛT

Aristion
voir Aristarque

Arisztid *hongrois*
voir Aristide

Aristobule *grec*
le meilleur conseil 1er NOV.

Aristokles *grec*
voir Aristote

Aristophane *grec*
la meilleure apparence

Aristote *grec*
supérieur

Arlen *irlandais, gaélique*
promesse, serment

Arles *hébraïque*
promesse

Arlo *italien*
laurier

Armaël
voir Armel

Armahel *breton*
voir Armel

Armand *germanique*
homme fort 23 DÉC.

Armando *espagnol*
voir Armand

Armel *celte*
prince ours 16 AOÛT

Armen
voir Hermann

Armin
voir Ermin

Arnald
voir Arnaud

Arnaldo *italien/portugais*
voir Arnaud

Arnall *anglo-saxon*
voir Arnaud

Arnaltz *basque*
voir Arnaud

Arnaud *germanique*
aigle dominant 10 FÉV.

Arnbjorn *scandinave*
aigle et ours

Arnd *scandinave*
voir Arnaud

Arne *danois*
voir Arnaud

Arneg *breton*
voir Arnaud

Arnketill *scandinave*
chaudron de l'aigle

Arnie *anglais*
voir Arnaud

Arnö *hongrois*
voir Arnaud

Arnold *anglo-saxon*
voir Arnaud

Arnoldo *italien*
voir Arnaud

Arnoul *germanique*
aigle et loup 18 JUIL.

Arnoult
voir Arnoul

Arnulf *scandinave*
aigle et loup

Arod *hébraïque*
bête sauvage

Arotza *basque*
charpentier

Arpad *hongrois*
patronymique

Arrats *basque*
aube

Arremon *basque*
voir Raymond

Arrigo *italien*
voir Henri

Arsallah *afghan*
messager

Arsène *grec*
viril 19 JUIL.

Artair *gaélique*
voir Arthur

Artème *grec*
d'Artémis 25 JANV.

Arthaud *germanique*
fort gouverneur 7 OCT.

Arthur *celte*
ours 15 NOV.

Artin *irlandais*
ours 20 DÉC.

Arturo *espagnol/italien*
voir Arthur

Artus
voir Arthur

Artzai *basque*
berger

Arvid *scandinave*
noble bois

Arvin *anglo-saxon*
voir Ewald

Arwed *suédois*
aigle dans la tourmente

Arwystli *gallois*
bon conseil

Arzhel *breton*
voir Armel

Arzhul *breton*
voir Arthur

Asbjorn *scandinave*
guerrier des dieux

Ascagne *latin*
patronymique **12 AVRIL**

Ascelin *germanique*
noble **23 AOÛT**

Asclépios *grec*
du dieu Asclépios **16 DÉC.**

Aser *hébraïque*
heureux

Asgueir *scandinave*
lance divine

Ashley *celte*
bois de frêne *(prénom mixte)* **4 MAI**

Asketill *scandinave*
chaudron des dieux

Aslak *danois*
jeux des dieux

Assad *arabe*
lion

Assia
voir Tarass

Assim *arabe*
protecteur

Astère *grec*
étoile **3 MARS**

Astola *russe*
voir Anatole

Astrik *germanique*
puissant Ans **12 NOV.**

Asulf *scandinave*
loup des dieux

Ataiah *hébraïque*
Dieu nous aide

Atanas *bulgare*
voir Athanase

Atea *polynésien*
lointain

Atef *arabe*
aimant

Athanaël
voir Nathan

Athanase *grec*
immortel **22 JANV.**

Athanasios *grec*
voir Athanase

Attale *grec*
qui porte **10 MARS**

Attilla *hongrois*
patronymique

Atzo *basque*
hier

Auban
voir Alban

Aubain
voir Alban

Aubanel *provençal*
voir Alban

Auberi
voir Albert

Aubert
voir Albert

Aubin *latin*
blanc **1er MARS**

Aubrey *anglo-saxon*
voir Albéric

Aubriot *(diminutif)*
voir Albéric

Aubry *(diminutif)*
voir Albéric

Audemar
voir Omer

Audemer
voir Omer

Audifax *latin*
audacieux **19 JANV.**

Audoin *germanique*
voir Baudouin

Audouard *provençal*
voir Édouard

Audren *celte*
roi de la falaise **7 FÉV.**

Audric
voir Aldric

Audwin *germanique*
ancien ami

Augias *grec*
patronymique **10 MARS**

Augere *grec*
présage **21 JANV.**

Auguste *latin*
vénérable **28 AOÛT**

Augustin
voir Auguste

Augustinao *portugais*
voir Auguste

Augusto *espagnol*
voir Auguste

Aunemond *germanique*
protecteur **28 SEPT.**

Aure
voir Aurèle

Aurek *polonais*
voir Aurèle

Aurel
voir Aurèle

Aurèle *latin*
en or 20 JUIL.

Aurélian *occitan*
voir Aurèle

Aurélien *latin*
en or 16 JUIN

Aurelio *espagnol*
voir Aurèle

Aurelius
voir Aurèle

Aurian
voir Aurèle

Auriol *basque*
voir Aurèle

Ausone *latin*
patronymique 6 AOÛT

Austen *anglo-saxon*
voir Augustin

Austin *anglo-saxon*
voir Augustin

Austrégisil *germanique*
flèche de l'Est 20 MAI

Auxane
voir Euxane

Auxence *latin*
qui grandit 14 FÉV.

Auzias *provençal*
voir Eléazar

Avel *breton*
voir Abel

Avelain
voir Abel

Avelin
voir Abel

Avenant
voir Venance

Aventin *latin*
qui arrive 19 AVR.

Averell *anglo-saxon*
voir Alfred

Avertan *latin*
qui se détourne 26 FÉV.

Avery *anglo-saxon*
voir Alfred

Avi *hébraïque*
mon Dieu

Aviah *hébraïque*
mon père est le Seigneur

Avidan *hébraïque*
mon père est juge

Aviel *hébraïque*
Dieu est mon père

Avit *latin*
oiseau **5 FÉV.**

Avraamii *russe*
voir Abraham

Avram *russe*
voir Abraham

Awen *celte*
bien né **17 AVR.**

Axel *hébraïque*
père de la paix **21 MARS**

Aymar *germanique*
brillante maison **29 MAI**

Aymeri
voir Aymeric

Aymeric *germanique*
maison du roi **4 NOV.**

Aymon
voir Raymond

Ayoub *arabe*
voir Job

Ayoutre
voir Adjutor

Azam *provençal*
voir Adam

Azaniah *hébraïque*
Dieu entend

Azaraël *hébraïque*
Dieu nous aide

Azedine *arabe*
puissance de la religion

Azemar *provençal*
voir Aymard

Aziz *arabe*
chéri

Azriel *hébraïque*
Dieu m'assiste

Les facéties des parents

Volonté de fédérer encore davantage la fratrie ou la famille ? Recherche d'originalité à tout prix ? Certains parents font le choix du prénom de leurs enfants avec une idée en tête. Laquelle ? Ils ne manquent pas d'imagination. Voici quelques idées :

- Donner aux enfants des prénoms se terminant par la même sonorité : Alban, Tristan, Elouan… Ou commençant par la même syllabe : Argan, Arthur, Arsène, Arnaud.

- Veiller à ce que tous les enfants de la fratrie aient les mêmes initiales. Plus fort, accorder les initiales des enfants à celles de leurs deux parents. En clair les enfants de Pauline et Alexis Lenoir devront avoir pour initiales PAL : Pierre-Alban Lenoir et Paul-Aurélien Lenoir.

- Jouer sur les syllabes des prénoms : Alexis et Sixtine, par exemple.

- Décliner les adjectifs ordinaux : Quentin (cinquième), Sixte (sixième), Septime (septième), Octave (huitième)….

- Donner à ses enfants des prénoms qui, dans des étymologies différentes, ont la même signification : Albin (latin), Gwenn (breton) pour l'adjectif « blanc ».

- Rechercher pour ses enfants des prénoms de la nature : Marin et Océan, références marines. Olivier et Sylvain, références aux arbres.

- Donner pour prénom à son enfant le nom du pays ou de la région où il a été conçu : Tennessee, Dan…

B

Babel
voir Babylas

Babylas *akkadien*
la porte du dieu 24 JANV.

Bachir *arabe*
messager

Bademius *persan*
anis 9 AVR.

Bader *arabe*
brillant

Baki *arabe*
éternel

Balae
voir Balay

Balasi *basque*
homme aux pieds plats

Balay *gaulois*
petit religieux 4 JUIL.

Balazs *hongrois*
voir Blaise

Baldassare *italien*
voir Balthazar

Baldéric *germanique*
hardi 24 AVR.

Baldizsar *hongrois*
voir Balthazar

Baldric
voir Baldéric

Baldwin *germanique*
voir Baudouin

Balint *hongrois*
voir Valentin

Balkoe *basque*
faucon

Balsame *latin*
baume 24 NOV.

Baltasar *portugais*
voir Balthazar

Balthazar *akkhadien*
Dieu protège 6 JANV.

Baltjar *albanais*
voir Balthazar

Baltsaros *grec*
voir Balthazar

Baltus *néerlandais*
voir Balthazar

Baptiste *hébraïque*
celui qui baptise — 29 AOÛT

Baptistin
voir Baptiste

Baptistoun *provençal*
voir Baptiste

Barban *latin*
barbare — 4 DÉC.

Barbet
voir Barnabé

Barclay *anglais*
vallée de bouleaux

Barnabas *germanique*
voir Barnabé

Barnabé *araméen*
fils de Nabu — 11 JUIN

Barnard *germanique*
ours fort — 23 JANV.

Barney *anglo-saxon*
voir Barnabé

Barrett *germanique*
comme un ours

Barry *(diminutif)*
voir Bearach

Bartel *germanique/irlandais*
voir Barthélémy

Barthélémy *araméen*
fils de Tolomé — 24 AOÛT

Barthold
voir Berthold

Bartholomé
voir Barthélémy

Barthouloume *gascon*
voir Barthélémy

Bartolo *espagnol*
voir Barthélémy

Bartoloméo *italien*
voir Barthélémy

Bartoumieu *provençal*
voir Barthélémy

Baruch *hébraïque*
béni — 31 AOÛT

Basha *hébraïque*
qui élève

Basile *grec*
roi — 2 JANV.

Basilide
voir Basile

Basilio *espagnol/italien*
voir Basile

Basilius *germanique*
voir Basile

Basillou *provençal*
voir Basile

Basle
voir Basile

Bästel *germanique*
voir Sébastien

Bastian *breton*
voir Sébastien

Bastiano *italien*
voir Sébastien

Bastien
voir Sébastien

Batisto *provençal*
voir Baptiste

Baud *germanique*
hardi **7 NOV.**

Baudile *germanique*
audacieux **20 MAI**

Baudilon
voir Baudile

Baudis
voir Baud

Baudolin *germanique*
hardi et doux **10 NOV.**

Baudouin *germanique*
ami audacieux **17 OCT.**

Bautesar *provençal*
voir Balthazar

Bautezar
voir Balthazar

Baxil *basque*
voir Basile

Bazily *polonais*
voir Basile

Bazire *normand*
voir Basile

Beacan *irlandais*
petit

Beat *latin*
heureux **19 FÉV.**

Bearach *gaélique*
tranchant **15 FÉV.**

Béarnard *irlandais*
voir Bernard

Bède
voir Baud

Bedros *arménien*
voir Pierre

Bedagi *amérindien*
grand tonnerre

Beircheart *irlandais*
voir Albert

Beitor *basque*
voir Victor

Bela *hongrois*
voir Albert

Bellin *italien*
beau **26 NOV.**

Belqacem *arabe*
qui partage

Ben *hébraïque*
fils

Benci *hongrois*
voir Benoît

Bendik *norvégien*
voir Benoît

Benead *breton*
voir Benoît

Benedek *hongrois*
voir Benoît

Benedetto *italien*
voir Benoît

Benedicto *espagnol/portugais*
voir Benoît

Benedikt *germanique*
voir Benoît

Bénédit *provençal*
voir Benoît

Benejaminas *lituanien*
voir Benjamin

Benen *irlandais*
voir Benoît

Benès *tchèque*
voir Benoît

Benezech *provençal*
voir Benoît

Bengt *scandinave*
voir Benoît

Bénilde *latin*
béni **13 AOÛT**

Benioamino *italien*
voir Benjamin

Benjamin *hébraïque*
fils de bon augure **31 MARS**

Benjiamin *polonais*
voir Benjamin

Benkamin *basque*
voir Benjamin

Bennen *breton*
voir Benoît

Bennet *anglo-saxon*
voir Benoît

Bennie *anglo-saxon*
voir Benjamin

Benniged *breton*
voir Benoît

Bennon *anglo-saxon*
voir Benoît

Benny *anglo-saxon*
voir Benjamin

Benoît *latin*
béni **11 JUIL.**

Bénoni *hébraïque*
fils de ma douleur

Bent *danois*
voir Benoît

Benvenuto *italien*
voir Bienvenu

Béranger *germanique*
lance de l'ours 26 MAI

Bérard *germanique*
ours fort 3 NOV.

Bercaire *franc*
chasseur 26 SEPT.

Berchaire
voir Bercaire

Berengar *germanique*
voir Béranger

Bérenger
voir Béranger

Berenguié *provençal*
voir Béranger

Berg *germanique*
montagne

Berkeley
voir Barclay

Bernard *germanique*
ours fort 20 AOÛT

Bernardin *germanique*
ours fort 20 MAI

Bernardo *espagnol/italien*
voir Bernard

Bernat *catalan/hongrois/provençal*
voir Bernard

Bernez *breton*
voir Bernard

Bernold *germanique*
ours ancien 25 NOV.

Bernon *germanique*
ours 13 JANV.

Bernulf *franc*
ours et loup

Bernward *germanique*
ours protecteur 20 NOV.

Bertel *breton*
voir Barthélémy

Berthold *germanique*
grande gloire 29 MARS

Bertholin *germanique*
doux et illustre 8 SEPT.

Bertie *(diminutif)*
voir Albert

Bertil *germanique*
grande adresse 6 NOV.

Bertin *germanique*
brillant 5 SEPT.

Bertomeu *provençal*
voir Barthélémy

Bertomieu *provençal*
voir Barthélémy

Bertram
voir Bertrand

Bertrand *germanique*
illustre corbeau 6 SEPT.

Bertranet *basque*
voir Bertrand

Béryl *latin*
pierre 29 JUIN

Bessam *arabe*
souriant

Bethaire *germanique*
illustre et fort 2 AOÛT

Betiri *basque*
voir Pierre

Bettelin *germanique*
illustre et doux 9 SEPT.

Betri *basque*
voir Pierre

Beuno *gallois*
voir Bruno

Beuzec
voir Beuzeg

Beuzeg *celte*
prince victorieux 18 NOV.

Bevan *irlandais*
jeune guerrier

Bezew *gallois*
audace 15 JUIN

Biagio *italien*
voir Blaise

Biarni
voir Bjarni

Biblis *grec*
livre 2 JUIN

Bienes *germanique*
voir Benjamin

Bienvenido *espagnol*
voir Bienvenu

Bienvenu *latin*
bienvenu 22 MARS

Bieuzi *celte*
plein de vie 23 NOV.

Bilal *arabe*
bienfait

Bili *celte*
brillant 23 JUIN

Bill *anglo-saxon*
voir Guillaume

Billy *anglo-saxon*
voir Guillaume

Bilz *celte*
bienveillant

Bingen *basque*
voir Vincent

Bittor *basque*
voir Victor

Bixente *basque*
voir Vincent

Bjarne
voir Björn

Bjarni *islandais*
comme un ours

Bjarnulf *scandinave*
ours et loup guerrier

Bjornulf
voir Bjarnulf

Björn *danois*
ours

Blaine *gaélique*
jaune **11 AOÛT**

Blaise *latin*
bègue **3 FÉV.**

Blaisian
voir Blaise

Blake *anglais*
homme à la peau blanche

Blas *espagnol*
voir Blaise

Blasek *slave*
voir Blaise

Blasi *provençal*
voir Blaise

Blasioun *provençal*
voir Blaise

Blasios *grec*
voir Blaise

Blasius *germanique*
voir Blaise

Blazy *corse*
voir Blaise

Bleiz *celte*
loup **3 FÉV.**

Bleizian *gallois*
loup **23 SEPT.**

Blimond *latin*
bègue guéri **3 JANV.**

Bob *(diminutif)*
voir Robert

Bobby *(diminutif)*
voir Robert

Bobolin *latin*
doux garçon **17 JANV.**

Bodmaël
voir Beuzeg

Bodvael
voir Budoc

Bodzaël
voir Budoc

Boèce *latin*
de Boétie **23 OCT.**

Bogdan *slave*
don de Dieu

Bogomil *slave*
ami de Dieu **10 JUIN**

Bogumil *polonais*
voir Bohumil

Boguslaw *polonais*
voir Bohuslav

Bohdan *ukrainien*
voir Bogdan

Bohumil *tchèque*
paix de Dieu

Bohuslav *tchèque*
gloire de Dieu

Boldizsar *hongrois*
voir Balthazar

Boleslas *slave*
grande gloire **10 AOÛT**

Boleslav
voir Boleslas

Bomer *germanique*
célèbre messager **3 NOV.**

Bonaventure *latin*
bonne nouvelle **15 JUIL.**

Bonifac *hongrois*
voir Boniface

Boniface *latin*
bon destin **5 JUIN**

Bonifacio *espagnol*
voir Boniface

Bonifacy *polonais*
voir Boniface

Bonnin *latin*
bon

Booz *hébraïque*
force

Boris *slave*
combattant **2 MAI**

Borislav *slave*
combattant glorieux

Borysko *ukrainien*
voir Boris

Bounifaci *provençal*
voir Boniface

Bouzid *arabe*
généreux

Bowie *irlandais*
blond

Bozaël
voir Budoc

Brad *(diminutif)*
voir Bradly

Bradach *irlandais*
fougueux

Braden *gaélique*
saumon **20 OCT.**

Bradley
voir Bradly

Bradly *anglais*
de la profonde vallée

Brady *(diminutif)*
voir Bradach

Brahim *arabe*
voir Abraham

Bran *celte*
corbeau 18 MAI

Brand *scandinave*
lame d'épée

Brandan
voir Bran

Brandon
voir Bran

Breanainn *irlandais*
voir Bran

Brendan
voir Bran

Brent *anglais*
colline

Bret
(prénom mixte) voir Bretannion

Bretannion *latin*
d'Angleterre 5 JANV.

Brévaler
voir Bran

Brévin
voir Brewen

Bréwal
voir Bran

Bréwalaer
voir Bran

Brewen *celte*
corbeau 27 JUIL.

Briac *celte*
important 17 DÉC.

Brice *celte*
bigarré 13 NOV.

Briec
voir Briac

Brieg
voir Briac

Brieuc
voir Briac

Brit *anglais*
de Bretagne

Brithwald *germanique*
illustre gouverneur 9 JANV.

Brithwold
voir Brithwald

Brivaël
voir Briac

Briz *breton*
voir Brice

Brogio *italien*
voir Ambroise

Broladre
voir Bran

Bruce *germanique*
buisson 22 JANV.

Bruno *germanique*
bouclier 6 OCTOBRE

Bryan
voir Briac

Brychan *gallois*
tacheté **4 JUIN**

Bryn *(diminutif)*
voir Brynach

Brynach *gallois*
colline **7 AVR.**

Brynjolf *scandinave*
guerrier cuirassé

Budoc *celte*
victorieux **9 DÉC.**

Burchard *germanique*
garçon fort **19 AVR.**

Burton *anglais*
ville fortifiée

Byron *anglais*
cottage

C

Cadec
voir Cado

Cadeg
voir Cado

Cado *celte*
combat **24 JANV.**

Cadoan
voir Cado

Cadoc
voir Cado

Cadroé *celte*
combat **6 MARS**

Cadwal *celte*
valeureux au combat **12 NOV.**

Cadwallader
voir Cadwal

Cadwallon
voir Cadwal

Caedmon *celte*
sage combat **11 FÉV.**

Caelestis *néerlandais*
voir Céleste

Caesar
voir César

Caetano *espagnol*
voir Gaétan

Cagnoald *germanique*
gagnant **21 SEPT.**

Cailean *irlandais*
enfant

Cainnech *celte*
beau **11 OCT.**

Caleb *hébraïque*
comme le cœur

Calendal *latin*
calendes **15 NOV.**

Calendion
voir Calendal

Calixte
voir Calliste

Calliste *grec*
le plus beau *(prénom mixte)* **14 OCT.**

Callinikos *grec*
belle victoire **6 NOV.**

Calloghan
voir Keallagh

Calocer *grec*
belle main **18 AVR.**

Calum *écossais*
voir Colomban

Calvin *latin*
chauve

Cameron *anglais*
nez crochu *(prénom mixte)*

Camiho *provençal*
voir Camille

Camille *latin*
des Camillus *(prénom mixte)* **14 JUIL.**

Camillo *italien*
voir Camille

Camilo *espagnol*
voir Camille

Candide *latin*
pur **3 OCT.**

Cantien *latin*
chant **31 MAI**

Canut *scandinave*
blanc **19 JANV.**

Caolan *irlandais*
svelte

Caoimhghin *irlandais*
voir Kevin

Caprais *latin*
chèvre **1er JUIN**

Caradec *celte*
ami **17 MAI**

Caradeuc
voir Caradec

Caradoc
voir Caradec

Caradog
voir Caradec

Carantec
voir Caradec

Carel *germanique*
voir Charles

Carey *gallois*
château

Carl *germanique*
voir Charles

Carles *catalan*
voir Charles

Carlo *italien*
voir Charles

Carloman *germanique*
homme fort **17 AOÛT**

Carlos *espagnol*
voir Charles

Carlu *corse*
voir Charles

Carol *slave*
voir Charles

Carolos *grec*
voir Charles

Carolus *germanique*
voir Charles

Carsten *germanique*
voir Christian

Cary *anglo-saxon*
voir Charles

Cäsar *germanique*
voir César

Casey *irlandais*
vigilant *(prénom mixte)*

Casimir *slave*
assemblée **4 MARS**

Casimiro *espagnol*
voir Casimir

Caspar
voir Gaspard

Casper
voir Gaspard

Cassidy *irlandais*
adroit

Cassien *latin*
de la famille Cassius **5 AOÛT**

Cassius
voir Cassien

Cast
voir Cado

Castor *grec*
patronymique

Cathan *irlandais*
combat **17 MAI**

Catulle *latin*
chaste **22 AOÛT**

Cautry *grec*
brûlure **8 OCT.**

Cauteric
voir Cautry

Cavan *celte*
combat **1er NOV.**

Cécil *anglo-saxon*
voir Cécilien

Cécilien *latin*
aveugle **16 AVR.**

Cédar
voir Cédric

Cédric *celte*
trône **7 JANV.**

Cefko *croate*
voir Joseph

Céleste *latin*
céleste **14 OCT.**

Célestin
voir Céleste

Célian
voir Celin

Celin *latin*
qui garde le secret **7 OCT.**

Celse *latin*
très bon **14 OCT.**

Celsin
voir Celse

Ceolfrid *germanique*
gloire et paix **25 SEPT.**

Ceolwulf *germanique*
gloire et loup **15 JANV.**

Céphas *araméen*
rocher

Céran *grec*
argile **27 SEPT.**

Céronne
voir Céran

Cerçiz *albanais*
voir Serge

Césaire
voir César

César *latin*
couper **27 AOÛT**

Cesare *italien*
voir César

Cesari *italien*
voir César

Cesco *italien*
voir François

Cestmir *tchèque*
forteresse

Cezary *polonais*
voir César

Chabtaï *hébraïque*
repos

Chad *gallois*
bataille **2 MARS**

Chafiq *arabe*
compatissant

Chahir *arabe*
célèbre

Chamgar *hébraïque*
épée

Charef *arabe*
dignité

Charlély
voir Charles

Charles *germanique*
viril **4 NOV.**

Charley
voir Charles

Charlez *breton*
voir Charles

Charlie *(diminutif)*
voir Charles

Charloun *provençal*
voir Charles

Charly *(diminutif)*
voir Charles

Chayton *amérindien Sioux*
faucon

Chedid *arabe*
brave

Chem *hébraïque*
le nom

Cherif *arabe*
noble

Chester *anglais*
de Rochester

Cheun
voir Yves

Chiaro *italien*
voir Clair

Childebert *germanique*
célèbre combat

Childéric *germanique*
combat de roi

Chlodwig *germanique*
voir Clovis

Chokri *arabe*
méritant

Chrétien *grec*
disciple du Christ **7 AVR.**

Christian *grec*
messie **12 NOV.**

Christodule *grec*
serviteur du Christ **16 MARS**

Christophe *grec*
qui porte le messie **21 AOÛT**

Christopher *anglo-saxon*
voir Christophe

Christophoro *italien*
voir Christophe

Chrysante *grec*
fleur en or **25 OCT.**

Chrysogone *grec*
race en or **24 NOV.**

Chrysole *grec*
en or **7 FÉV.**

Chrysophore *grec*
porteur d'or **20 AVR.**

Chuck *(diminutif)*
voir Charles

Ciaran *celte*
cheveux noirs

Cibrianu *corse*
voir Cyprien

Cieske *néerlandais*
voir Francis

Cillian
voir Keallagh

Ciprian *provençal*
voir Cyprien

Cipriano *espagnol*
voir Cyprien

Cirill *hongrois*
voir Cyril

Cirilo *espagnol*
voir Cyril

Claas *germanique*
voir Nicolas

Clair *latin*
clair 10 OCT.

Clar *provençal*
voir Clair

Clarence *latin*
clair *(prénom mixte)* 26 AVR.

Claude *latin*
boiteux *(prénom mixte)* 15 FÉV.

Claudic *breton*
voir Claude

Claudien
voir Claude

Claudin
voir Claude

Claudio *espagnol*
voir Claude

Claudios *grec*
voir Claude

Claus *germanique*
voir Nicolas

Cléante *français*
patronyme littéraire

Clemens *germanique*
voir Clément

Clément *latin*
indulgent 23 NOV.

Clemente *corse/espagnol*
voir Clément

Clémentin
voir Clément

Cler *grec*
destiné à la prêtrise 14 JANV.

Clery
voir Cler

Cliff *anglais*
homme de la falaise

Clive
voir Cliff

Clodion *germanique*
gloire

Clodoald *germanique*
ancienne gloire 7 SEPT.

Clodomir *germanique*
grande gloire 25 AOÛT

Clotaire *germanique*
illustre gloire 7 AVR.

Cloud
voir Clodoald

Clovis
voir Louis

Clyde *anglais*
du nom de la rivière Clyde

Cnut
voir Canut

Cob *anglo-saxon*
voir Jacob

Cobbie *(diminutif)*
voir Jacob

Cody *américain*
patronymique

Coemgen *celte*
enraciné **3 JUIN**

Coinneach *gaélique*
voir Kenneth

Cireall *irlandais*
voir Cyril

Colas
voir Nicolas

Colin
voir Nicolas

Colman
voir Colomban

Coloman
voir Colomban

Colomban *celte*
colombe **24 NOV.**

Colombanu *corse*
voir Colomban

Colon *espagnol*
voir Colomban

Côme *grec*
ordre **26 SEPT.**

Comgal *irlandais*
promesse mutuelle **10 MAI**

Comgan *irlandais*
jumeau **13 OCT.**

Conan *irlandais*
sagesse **26 JANV.**

Connor *celte*
désir

Conogan
voir Gwenegan

Conor
voir Connor

Conrad *germanique*
brave **26 NOV.**

Conradin
voir Conrad

Constant *latin*
constance **23 SEPT.**

Constantin *latin*
constance **21 MAI**

Constantino *corse/espagnol*
voir Constantin

Constantinos *grec*
voir Constantin

Coob *néerlandais*
voir Jacques

Corbinien *latin*
corbeau **8 SEPT.**

Corentin *celte*
ami **12 DÉC.**

Cormac *irlandais*
défilement **14 SEPT.**

Corneille *latin*
corneille **16 SEPT.**

Cornel *roumain*
voir Corneille

Cornelis *néerlandais*
voir Corneille

Cornélius
voir Corneille

Cornély *breton*
voir Corneille

Cornille
voir Corneille

Corrado *espagnol/italien*
voir Conrad

Cosimo *italien*
voir Côme

Cosmao *portugais*
voir Côme

Cosmin *roumain*
voir Côme

Cosmo *grec*
voir Côme

Costadino *albanais*
voir Constantin

Couleth
voir Colomban

Coulom *provençal*
voir Colomban

Coulomb
voir Colomban

Coustantin *provençal*
voir Constantin

Craig *écossais*
rocher

Crépin *latin*
crépu **25 OCT.**

Crépinien
voir Crépin

Crescence *latin*
naissant **15 JUIN**

Crescencien
voir Crescence

Crespin
voir Crépin

Crestian *provençal*
voir Christian

Criostal *irlandais*
voir Christophe

Crispin *anglo-saxon*
voir Crépin

Cristianu *corse*
voir Christian

Cristobal *espagnol*
voir Christophe

Cristofor *roumain*
voir Christophe

Cristoforo *italien*
voir Christophe

Cristoli *gascon*
voir Christophe

Cristou *provençal*
voir Christian

Cristovao *portugais*
voir Christophe

Critolou *provençal*
voir Christophe

Cronan *irlandais*
homme à la peau sombre
28 AVR.

Cummian *grec*
oriental 12 NOV.

Cummien
voir Cummian

Cunibert *germanique*
hardi et illustre 12 NOV.

Cunwal
voir Gonval

Curd
voir Conrad

Curt
voir Conrad

Curtis
voir Conrad

Cuthbert *germanique*
court et brillant 20 MARS

Cydias *grec*
glorieux

Cyprien *latin*
de Chypre 16 SEPT.

Cyr *latin*
maître 16 JUIN

Cyran
voir Cyr

Cyrano
voir Cyr

Cyrek *polonais*
voir Cyril

Cyriaque
voir Cyr

Cyrille *grec*
maître 18 MARS

Cyrus
voir Cyr

Cyryl *polonais*
voir Cyril

Czeslaw *polonais*
forteresse

Les prénoms composés

Les années 50 ont vu s'épanouir la vogue des prénoms composés. Les Jean-quelque chose occupaient l'état civil. Jean-Pierre avait le palmarès. Parfois, comble de l'originalité, on rencontrait un Jean-Noël. Vers 1975, ce furent Pierre et Charles qui eurent la vedette. Pierre-Alain, Pierre-Olivier, Charles-Henri, Charles-Louis... Plutôt dans les familles BCBG.

Depuis 2000, tout se voit car tout est permis. Les Louis-Marie, ultraclassiques, les Léo-Paul, clin d'œil à Léopold, mais aussi les Théo-Luc, les Paul-Adrien... La seule limite est l'imagination fertile des futurs parents et leur souci de singulariser leur fils. Pourquoi pas ? Cela permet aussi de donner une touche d'originalité au prénom d'un aïeul bien aimé, comme Lucas-Joseph, d'allier le classique au moderne, comme Louis-Melvin, d'afficher ses origines, comme John Pablo dont les parents sont anglais et espagnol.

Les prénoms composés, alliés au patronyme, peuvent aussi donner des initiales faciles à retenir, qui deviendront peut-être pour l'enfant un surnom sympa : Charles-Ambroise Clavel, né en 1990 est devenu ainsi CAC 90 pour ses copains de classe.

Dabi *basque*
voir David

Dace *latin*
originaire de Dacia — 14 JANV.

Dacia
voir Dace

Dacha *russe*
voir Dace

Dafydd *gallois*
voir David

Dag *norvégien*
jour

Dagmar *germanique*
brillant comme le jour

Dagobert *germanique*
jour brillant — 23 DÉC.

Dagomar
voir Dagmar

Daibheid *irlandais*
voir David

Dalil *arabe*
guide

Dallan *irlandais*
aveugle — 29 JANV.

Dalmace *latin*
de Dalmatie — 13 NOV.

Dalmacio *espagnol*
voir Dalmace

Dalmar *germanique*
illustre vallée

Dalmas
voir Dalmace

Damas
voir Dalmace

Damase
voir Dalmace

Damaso *espagnol*
voir Dalmace

Damian *espagnol*
voir Damien

Damien *grec*
de Damia — 21 FÉV.

Damhlaic *irlandais*
voir Dominique

Damoclès *grec*
gloire du peuple

Dan *hébraïque*
il fait justice

Danail *bulgare*
voir Daniel

Dane *danois*
du Danemark

Danel *basque*
voir Daniel

Danie *provençal*
voir Daniel

Daniel *hébraïque*
Dieu est juge **11 DÉC.**

Daniele *italien*
voir Daniel

Danielius *lituanien*
voir Daniel

Danila *roumain*
voir Daniel

Danylko *ukrainien*
voir Daniel

Danilo *croate*
voir Daniel

Danis *provençal*
voir Denis

Daniset *provençal*
voir Daniel

Dankrad *scandinave*
sage conseiller

Danos *hongrois*
voir Daniel

Dante *latin*
patronymique

Dany (diminutif)
voir Daniel

Danyl
voir Daniel

Daoud *arabe*
voir David

Daphnis *grec*
laurier

Dario
voir Darius

Darius *grec*
riche

Darren *anglo-saxon*
voir Derrien

Darryl *anglo-saxon*
voir Darius

Datan *hébraïque*
religion

Daude *savoyard*
voir Claude

Dauphin
voir Delphin

Davan
voir David

Dave *(diminutif)*
voir David

Davi *provençal*
voir David

David *hébraïque*
aimé de Dieu 29 DÉC.

Davie
voir David

Davit *basque*
voir David

Davith *islandais*
voir David

Davy *hébraïque*
aimé de Dieu 20 SEPT.

Dawud *arabe*
voir David

Dean *anglais*
homme de la vallée

Deicole *latin*
avec Dieu 18 JANV.

Delano *gaélique*
bien portant

Delfin *espagnol*
voir Delphin

Delfino *italien*
voir Delphin

Delphin *latin*
dauphin 24 DÉC.

Démétrien
voir Démétrius

Démétrios *grec*
voir Démétrius

Démétrius *latin*
de la déesse Démeter 8 OCT.

Demian *latin*
de la déesse Damia 8 MARS

Demko *hongrois*
voir Dominique

Démosthène *grec*
force du peuple

Dénès *hongrois*
voir Denis

Denez *breton*
voir Denis

Deniel *breton*
voir Daniel

Deniol *breton*
voir Daniel

Denis *grec*
du dieu Dionysos 9 OCT.

Deniss *russe*
voir Denis

Dennis *anglo-saxon*
voir Denis

Denoal *celte*
monde de valeur 24 DÉC.

Denoual
voir Denoal

Denys
voir Denis

Déodat *latin*
Dieu donne **19 JUIN**

Deodato *italien*
voir Déodat

Dérek
voir Théodoric

Derhen
voir Derrien

Deri *provençal*
voir Frédéric

Derrien *celte*
chêne **8 FÉV.**

Derry *irlandais*
homme roux

Desiderio *espagnol*
voir Désiré

Desirat *provençal*
voir Désiré

Désiré *latin*
désiré **8 MAI**

Desmond *gaélique*
patronymique

Detlef *germanique*
fils du peuple

Deusdato *portugais*
voir Deodat

Devin *irlandais*
cerf

Dewi *breton*
voir David

Dewitt *néerlandais*
voir Dwignt

Dexter *anglais*
droit

Deznö *hongrois*
voir Denis

Diaude
voir Claude

Diaz *espagnol*
voir Jacques

Diboan *celte*
indolore **3 JUIL.**

Dick *(diminutif)*
voir Richard

Didace *grec*
enseignant **13 NOV.**

Dider *breton*
voir Didier

Diderik *germanique*
voir Didier

Didier *latin*
qui désire **23 MAI**

Didrich *germanique*
voir Didier

Didyme *grec*
jumeau 28 AVR.

Dié
voir Déodat

Diebolt *germanique*
voir Thibaud

Diego *espagnol*
voir Jacques

Dierick *germanique*
peuple roi 9 JUIL.

Dieter *germanique*
voir Thierry

Dietrich *germanique*
voir Thierry

Dieudonné
voir Déodat

Dillon
voir Dylan

Dima *russe*
voir Vladimir

Dimitar *croate*
voir Dimitri

Dimitri *slave*
de la déesse Déméter 26 OCT.

Dimitur *bulgare*
voir Dimitri

Dinan *celte*
homme 21 FÉV.

Dinis *portugais*
voir Denis

Dino *italien*
voir Denis

Diogene *grec*
divin 6 AVR.

Dioni *basque*
voir Denis

Dionis *roumain*
voir Denis

Dionizy *polonais*
voir Denis

Dionysos *grec*
patronyme mythologique

Dirck *anglo-saxon*
voir Théodoric

Dismas *grec*
difficile 25 MARS

Ditbert *franc*
brillant dans le peuple

Diter *franc*
guerrier dans le peuple

Ditfrid *franc*
protecteur du peuple

Ditmar *germanique*
célèbre dans le peuple

Ditwin *germanique*
ami du peuple **30 JUIL.**

Divone *hébraïque*
compréhension

Divi *breton*
voir David

Diwis *slave*
voir Denis

Dizier
voir Didier

Djahid *arabe*
lutteur

Djamel *arabe*
voir Jamal

Djellal *arabe*
auguste

Djibril *arabe*
voir Gabriel

Djurg *croate*
voir Georges

Doetval *celte*
sage brave **22 JANV.**

Doetzal
voir Doetval

Dogmaël *celte*
bon prince **14 JUIN**

Doman *hongrois*
voir Dominique

Dabit *basque*
voir David

Dodè *hébraïque*
aimé

Dodie
voir Dodé

Domeka *basque*
voir Dominique

Domenech *catalan*
voir Dominique

Domenico *italien*
voir Dominique

Domenikos *espagnol*
voir Dominique

Domergue *provençal*
voir Dominique

Domhnal *gaélique*
voir Donald

Domiciano *espagnol*
voir Domitien

Domiku *basque*
voir Dominique

Domineuc *breton*
voir Dominique

Domingo *espagnol*
voir Dominique

Domingue
voir Dominique

Dominik *germanique*
voir Dominique

Dominique *latin*
maître *(prénom mixte)* 8 AOÛT

Dominix *basque*
voir Dominique

Domitien *latin*
maison 10 MARS

Domne
voir Dominique

Domnin
voir Dominique

Domnion
voir Dominique

Domokos *hongrois*
voir Dominique

Domonkos *hongrois*
voir Dominique

Donagh *irlandais*
sombre bataille 24 MARS

Donald *gaélique*
peuple puissant 15 JUIL.

Donan *celte*
élevé 15 AVR.

Donasian *breton*
voir Donatien

Donat *hongrois*
voir Déodat

Donatello *italien*
voir Déodat

Donatian *occitan*
voir Donatien

Donatien *latin*
donation 24 MAI

Donato *italien*
voir Déodat

Donegan
voir Donn

Donell
voir Donald

Dongal *gaélique*
sombre étranger

Donn *irlandais*
brun

Donnan
voir Donn

Donnchadh *gaélique*
voir Duncan

Donough
voir Donagh

Donovan *gaélique*
sombre guerrier

Dorek *polonais*
voir Théodore

Dorian
voir Théodore

Dosan *grec*
donateur 9 AVR.

Dosithée *grec*
don à Dieu — 23 FÉV.

Doucelin *latin*
doux — 8 JUIL.

Dougal *irlandais*
étranger noir

Douglas *gaélique*
eau noire

Doumenique *provençal*
voir Dominique

Doyle
voir Dongal

Dozhwal
voir Doetval

Drake *anglais*
dragon

Droctovée *latin*
huitième — 8 MARS

Dror *hébraïque*
liberté

Duane *celte*
peau mate

Duarte *espagnol/ portugais*
voir Edouard

Dudumi *albanais*
voir Thomas

Dughlas *gaélique*
voir Douglas

Dumitru *roumain*
voir Dimitri

Duncan *irlandais*
sombre guerrier

Dunixi *basque*
voir Denis

Dunstan *celte*
homme ardent — 19 MAI

Dustin *anglais*
brave combattant

Dwain
voir Duane

Dwane
voir Duane

Dwight *gaélique*
blanc

Dyami *amérindien*
aigle

Dylan *gallois*
mer

Dymitr *polonais*
voir Dimitri

Dymtro *ukrainien*
voir Jacques

E

Eachann *gaélique*
voir Hector

Earnan *celte*
expérimenté

Earving
voir Irving

Ebbon *germanique*
sanglier — **13 OCT.**

Eberhard *germanique*
dur sanglier — **16 DÉC.**

Ebertram *anglo-saxon*
voir Bertrand

Ebrard
voir Eberhard

Ebregesile *germanique*
sanglier et flèche — **30 DÉC.**

Edan
voir Aidan

Edar *occitan*
voir Edouard

Edbert *germanique*
illustre richesse — **24 AVR.**

Eddie *(diminutif)*
voir Edouard

Edelin
voir Adelind

Eddy *(diminutif)*
voir Edouard

Eden *hébraïque*
délices

Edern *gallois*
très grand — **26 AOÛT**

Edese *grec*
fils — **8 AVR.**

Edgar *germanique*
riche lance — **8 JUIL.**

Edik *russe*
voir Edouard

Edilbert
voir Ethelbert

Edimondu *corse*
voir Edmond

Edik *russe*
voir Edouard

Edme
voir Edmond

Edmond *germanique*
riche protection 20 NOV.

Edmondo *italien*
voir Edmond

Edmund *anglo-saxon*
voir Edmond

Edmundo *espagnol/portugais*
voir Edmond

Edoardo *italien*
voir Edouard

Edouard *germanique*
gardien des richesses 5 JANV.

Edouardo *espagnol*
voir Edouard

Edrigu *basque*
voir Rodrigue

Eduardo *espagnol/portugais*
voir Edouard

Edvard *scandinave*
voir Edouard

Edwald *franc*
puissant héritage

Edward *anglo-saxon*
voir Edouard

Edwin *germanique*
ami des richesses 12 OCT.

Edwold *germanique*
gouverneur des richesses 27 NOV.

Edwy
voir Edouard

Efan *celte*
fier

Efflam *celte*
rayonnant 12 OCT.

Egan *irlandais*
ardent

Egat *celte*
combat 20 SEPT.

Egbert
voir Edbert

Egide *grec*
bouclier 1er SEPT.

Egidio *italien*
voir Egide

Eginer *celte*
pur ami 23 MARS

Eginhard *germanique*
ami des richesses 14 DÉC.

Egmont *germanique*
épée qui protège

Egon *danois*
formidable

Egor *russe*
voir Georges

Eguen *basque*
voir Eugène

Eguerdi *basque*
midi

Egun *basque*
jour

Eguzki *basque*
soleil

Egyed *hongrois*
voir Gilles

Ehoarn *celte*
de fer **11 FÉV.**

Ehouarn
voir Ehoarn

Ehoud *hébraïque*
sympathique

Eideard *gaélique*
voir Edouard

Eikki *finlandais*
très puissant

Eilin *germanique*
lame

Eimound *provençal*
voir Edmond

Eïnar *scandinave*
toujours victorieux

Ekaitz *basque*
tempête

Ekewaka *hawaïen*
voir Edouard

Elbert
voir Albert

Eldwin
voir Baudouin

Eleas
voir Elie

Eléazar *hébraïque*
Dieu a secouru **1er AOÛT**

Elek *hongrois*
voir Elie

Elemir
voir Elmer

Eleuthère *grec*
liberté **2 OCT.**

Eleutherios *grec*
voir Eleuthère

Eliacin
voir Elie

Elian *gallois*
voir Alain

Elias
voir Elie

Eliaz *breton*
voir Elie

Elie *hébraïque*
mon maître est Dieu **20 JUIL.**

Eliécer
voir Eléazar

Eliel *finlandais*
voir Elie

Elien
voir Elie

Elier
voir Elie

Eliès
voir Elie

Eliez *breton*
voir Elie

Eliezer
voir Eléazar

Elihu
voir Elie

Eliphaz
voir Elie

Elinas
voir Eilin

Eliott
voir Elie

Elioun *provençal*
voir Elie

Elisée *hébraïque*
Dieu est le sauveur **14 JUIN**

Eliseo *basque*
voir Elisée

Elisha *hébraïque*
Dieu sauve

Eliya
voir Elie

Ellande *basque*
voir Arnaud

Ellys *gallois*
voir Elie

Elme *hébraïque*
avec Dieu **15 AVR.**

Elmer *germanique*
célèbre casque **28 AOÛT**

Eloi *latin*
élu **1er DÉC.**

Elouan *celte*
belle lumière **28 AOÛT**

Elphège *latin*
lumineux **19 AVR.**

Elton *anglais*
homme de la vieille ville

Eluin
voir Herluin

Elvio *espagnol*
voir Flavien

Elvis *anglais*
sage

Elwin
voir Herluin

Elyada *hébraïque*
connu de Dieu

Elyaqim *hébraïque*
Dieu élèvera

Elzéar
voir Eléazar

Emanuel *hongrois*
voir Emmanuel

Emebert *germanique*
maison illustre **15 JANV.**

Emere *latin*
qui mérite

Emeric *germanique*
maison du roi **4 NOV.**

Emil *hongrois*
voir Emile

Emile *latin*
émule **22 MAI**

Emilian
voir Emile

Emilien
voir Emile

Emilio *espagnol*
voir Emile

Emilion *latin*
émule **16 NOV.**

Emilyan *bulgare*
voir Emile

Emmanoil *roumain*
voir Emmanuel

Emmanuel *hébraïque*
Dieu avec nous **10 JUIL.**

Emmeran *germanique*
maison du corbeau **22 SEPT.**

Emmon
voir Edmond

Emory *anglo-saxon*
voir Emeric

Endrike *basque*
voir Henri

Eneas *grec*
couvert d'éloges

Enée
voir Aeneas

Eneko *basque*
voir Ignace

Enéo *italien*
voir Aeneas

Enéour *celte*
homme **4 MAI**

Enery *polynésien*
voir Henri

Enès *arabe*
familier

Engelbert *germanique*
ange brillant **7 NOV.**

Engelmer *germanique*
célèbre lame **14 JANV.**

Engelmond *germanique*
lame qui protège — **21 JUIN**

Engerand
voir Enguerrand

Englebert
voir Engelbert

Enguerrand *germanique*
ange et corbeau — **28 OCT.**

Ennio *latin*
destiné

Enoch
voir Enosh

Enogat *celte*
honneur — **13 JANV.**

Enored *breton*
voir Honoré

Enosh *hébraïque*
homme

Enri *provençal*
voir Henri

Enrico *italien*
voir Henri

Enrique *espagnol*
voir Henri

Envel *celte*
prince blanc — **11 DÉC.**

Enzeli *suisse*
voir Laurent

Enzo *italien*
voir Henri

Eoald
voir Ewald

Eoghan *irlandais*
voir Owen

Eoin *irlandais*
voir Yves

Eole *grec*
du dieu Eole

Eozen
voir Yves

Epagathe *grec*
très bon — **2 JUIN**

Epaminondas *grec*
patronymique

Epaphras *grec*
aimable — **19 JUIL.**

Epaphrodite
voir Epaphras

Ephraïm *hébraïque*
fertile

Ephrem
voir Ephraïm

Epimaque *grec*
sur le combat — **10 MAI**

Epiphane *grec*
apparition — **21 JANV.**

TOP 10 2008

Enzo

Origine incertaine pour Enzo, prénom symbole de ce début de XXIe siècle. Les uns affirment qu'il s'agit là d'un diminutif de Lorenzo, forme italienne de Laurent, prénom d'origine latine qui signifie « laurier ». D'autres y voient une forme italienne de Heinz, forme allemande d'Henri, qui signifie « maison puissante». Quoi qu'il en soit, Enzo fut le premier des prénoms latino à attirer les jeunes parents et il ouvre la voie à bien d'autres, comme Mattéo, Nino, Angelo, Marco, Pablo....

Fêtez Enzo le 13 juillet, avec Henri, ou le 10 août avec Laurent. Le premier, empereur d'Allemagne au XIe siècle favorisa l'évangélisation de son pays. Le second, diacre romain au IIIe siècle fut condamné au supplice pour avoir refusé de livrer à l'empereur les biens de l'Église dont il était trésorier.

Epipode *grec*
sur pied **22 AVR.**

Erasme *grec*
gracieux **2 JUIN**

Erasmo *italien*
voir Erasme

Erasmos *grec*
voir Erasme

Erasmus *germanique*
voir Erasme

Eraste *grec*
agréable **26 JUIL.**

Erblain
voir Hermeland

Ercole
voir Hercule

Erconwald *germanique*
audace honneur et gouverneur **30 AVR.**

Erembert *germanique*
illustre honneur **14 MAI**

Ergad
voir Ergat

Ergat *celte*
fort combat **26 MARS**

Erhard *germanique*
grand honneur **8 JANV.**

Eric *germanique*
honneur du roi **18 MAI**

Erich *germanique*
voir Eric

Erin *irlandais*
nom de l'Irlande *(prénom mixte)*

Erland *scandinave*
étranger

Erlantz *basque*
rayonnant

Erlé *celte*
nombreux liens **9 AOÛT**

Erling *danois*
noble

Ermanno *italien*
voir Hermann

Ermelin *germanique*
du dieu Irmin **29 OCT.**

Ermengaud *germanique*
gouverneur du dieu Irmin **3 NOV.**

Ermin *germanique*
du dieu Irmin **25 AVR.**

Erminold *germanique*
ancien Irmin **6 JANV.**

Ernaut
voir Arnaud

Ernest *germanique*
sérieux **7 NOV.**

Ernesto *espagnol/italien*
voir Ernest

Ernestu *corse*
voir Ernest

Ernst *germanique*
voir Ernest

Erraimun *basque*
voir Raymond

Errol *anglo-saxon*
voir Harald

Errolan *basque*
voir Roland

Erroman *basque*
voir Romain

Erruki *basque*
pieu

Ervin
voir Edwin

Ervyn
voir Edwin

Erwann
voir Yves

Erwin
voir Edwin

Esaü *hébraïque*
poilu

Esdras *hébraïque*
secours

Eskill *scandinave*
chaudron des dieux Ases

Eskuin *basque*
juste

Esperit *occitan*
voir Esprit

Esprit *latin*
souffle

Estaban *espagnol*
voir Etienne

Estapan *basque*
voir Etienne

Esteban *espagnol*
voir Etienne

Estebe *basque*
voir Etienne

Estefan *provençal*
voir Etienne

Estèphe
voir Etienne

Estevao *portugais*
voir Etienne

Esteve *catalan/provençal*
voir Etienne

Estin *breton*
voir Etienne

Etan *hébraïque*
voir Ethan

Ethan *hébraïque*
constant

Ethelbert *germanique*
noble et brillant 24 FÉV.

Ethelwald *germanique*
noble gouverneur 8 OCT.

Ethere *grec*
fluide 8 OCT.

Etienne *grec*
couronné 26 DÉC.

Etor *basque*
voir Hector

TOP 10 2008

Ethan

Ce prénom biblique, qui signifie « constant » était pratiquement inconnu jusqu'à l'aube de ce siècle. Ethan vivait au temps du roi David, au xe siècle avant J.-C. en Israël et fut l'auteur du psaume 89.

On fête Ethan le 4 juillet.

Ettore *corse/italien*
voir Hector

Etuate *polynésien*
voir Edouard

Eubert
voir Edbert

Euchaire *grec*
reconnaissance **29 MARS**

Eucher
voir Euchaire

Eudes *germanique*
richesse **19 AOÛT**

Eudoxe *grec*
bon principe **1er MARS**

Eugen *germanique/roumain*
voir Eugène

Eugène *grec*
bien né **13 JUIL.**

Eugenien
voir Eugène

Eugenikus *lituanien*
voir Eugène

Eugenio *espagnol/italien*
voir Eugène

Eugênios *grec*
voir Eugène

Eugeniusz *polonais*
voir Eugène

Eukeni *basque*
voir Eugène

Euloge *grec*
qui parle bien **21 JANV.**

Eumaël *celte*
bon prince **20 JANV.**

Eunan *gaélique*
grande peur **23 SEPT.**

Eunoïc *grec*
belle victoire **10 MARS**

Euphrone *grec*
bonne intelligence **4 AOÛT**

Euripide *grec*
patronymique

Euripidès *grec*
voir Euripide

Eusèbe *grec*
pieux **17 AOÛT**

Eusebiu *roumain*
voir Eusèbe

Eusebius *grec*
voir Eusèbe

Eustache *grec*
bon épi **20 SEPT.**

Eustachy *polonais*
voir Eustache

Eustade *grec*
qui se tient bien debout
3 JANV.

Eustase
voir Eustade

Eustate
voir Eustade

Eustakhkios *grec*
voir Eustache

Euston *irlandais*
voir Hugues

Euthyme *grec*
bien posé 15 OCT.

Eutrope *grec*
bonne direction 12 JANV.

Eutyche *grec*
prospère 6 AVR.

Eutychien
voir Eutyche

Eutyque
voir Eutyche

Euxane *grec*
hospitalier 3 SEPT.

Euzen *tchèque*
voir Eugène

Evagre *latin*
qui se propage 1er AVR.

Evain
voir Yves

Evan *gallois*
jeunesse

Evariste *latin*
contagieux 26 OCT.

Even *celte*
bien né 17 AVR.

Evergile *germanique*
honneur et otage 24 OCT.

Evert *scandinave*
fort comme un ours

Evguenii *russe*
voir Eugène

Evode *grec*
beau chant 6 MAI

Evrard *germanique*
dur sanglier 14 AOÛT

TOP 10 2008

Evan

Voici encore une forme de Jean à l'honneur. Celle-ci est galloise. Certains parents en modifient l'orthographe : Evan devient Ewan, ou encore Even.

On fête Evan le 24 juin avec Jean.

Evroult *germanique*
honneur du loup **29 DÉC.**

Evsebii *russe*
voir Eusèbe

Evstaphii *russe*
voir Etienne

Ewald *germanique*
gouverneur **3 OCT.**

Ewan
voir Even

Ewen
voir Even

Ewhen *ukrainien*
voir Eugène

Exupère *grec*
qui se surpasse **2 MAI**

Exupéri *basque*
voir Exupère

Exuperio *basque*
voir Exupère

Ezechias *hébraïque*
force de Dieu

Ezechiel *hébraïque*
Dieu fortifie

Ezhvin
voir Edwin

Ezkerra *basque*
gauche

Ezra *hébraïque*
Dieu est secours

Eztebe *basque*
voir Etienne

Vous l'écrivez comment ?

La recherche d'originalité est parfois discrète. Imperceptible à l'oreille, on la rencontre sur le papier. Certains parents insistent auprès de l'officier d'état civil qui enregistre la naissance de leur enfant pour qu'il note une orthographe différente de celle communément admise. Ainsi, Arnaud devient Arno ou encore Arnault. Théophile perd son h qui en fait une référence à Dieu pour se laïciser en Téophile. L'orthographe peut aussi marquer une origine étrangère : ainsi Lucas se germanise avec un K. Le seul inconvénient étant, pour celui qui porte ce prénom, de devoir l'épeler à chaque fois qu'il décline son identité.

F

Fabian
voir Fabien

Fabiano *italien*
voir Fabien

Fabianus *germanique*
voir Fabien

Fabien *latin*
savant — 20 JANV.

Fabio *espagnol*
voir Fabien

Fabiolo *espagnol*
voir Fabien

Fabo *hongrois*
voir Fabien

Fabrice *latin*
savant — 22 AOÛT

Fabricio *italien*
voir Fabrice

Fabrizio *italien*
voir Fabrice

Fadeï *hébraïque*
courageux — 11 JANV.

Fadil *arabe*
généreux

Fahd *arabe*
puissance

Falaleï *grec*
olivier — 13 MARS

Falcin *basque*
voir Falco

Falco *germanique*
faucon — 4 OCT.

Falibert *provençal*
voir Philibert

Falk
voir Falco

Falko
voir Falco

Fanch *breton*
voir François

Fantin *latin*
enfant — 30 AOÛT

Faolan *irlandais*
petit loup — 31 OCT.

Farès *arabe*
cavalier

Fargeau
voir Ferjeux

Farid *arabe*
unique

Farkas *hongrois*
loup

Farouq *arabe*
équitable

Farrell
voir Fearghal

Farry *gaélique*
homme **18 MAI**

Fatah *arabe*
victorieux

Fathi *arabe*
conquérant

Fatin *arabe*
élégant

Faulkner *anglo-saxon*
voir Foulques

Faust *latin*
fortuné **19 NOV.**

Faustin
voir Faust

Fausto *espagnol/italien*
voir Faust

Fayçal *arabe*
arbitre

Feargas
voir Fergus

Fearghal *celte*
courageux

Feargus
voir Fergus

Fechin *gaélique*
corbeau **20 JANV.**

Fedder *germanique*
voir Frédéric

Federi *provençal*
voir Frédéric

Federico *espagnol/italien*
voir Frédéric

Fédor *russe*
voir Théodore

Feli *provençal*
voir Félix

Félibert *provençal*
voir Philibert

Felice *italien*
voir Félix

Félicien
voir Félix

Feliks *polonais*
voir Félix

Félip *provençal*
voir Philippe

Felipe *espagnol*
voir Philippe

Féliu *catalan*
voir Félix

Félix *latin*
heureux **10 FÉV.**

Feliz *espagnol*
voir Félix

Féodor *russe*
voir Théodore

Féodose *russe*
voir Théodose

Féodossi *russe*
voir Théodose

Feofan *grec*
apparition de Dieu **25 MARS**

Feoras *irlandais*
voir Pierre

Ferdinand *germanique*
qui impose la paix **30 MAI**

Ferenc *hongrois/tchèque*
voir François

Fereti *polynésien*
voir Frédéric

Fergal *celte*
brave sage **27 NOV.**

Fergus *irlandais*
homme choisi

Ferjeux *latin*
champ de blé **16 JUIN**

Fermin *basque/espagnol*
voir Firmin

Fernand *germanique*
qui ose la paix **27 JUIN**

Fernando *espagnol/portugais*
voir Fernand

Ferran *basque*
voir Ferdinand

Férréol *latin*
viticole **18 SEPT.**

Fiacre *celte*
dette **30 AOÛT**

Fidel *espagnol*
voir Fidèle

Fidèle *latin*
fidèle **24 AVR.**

Fidelio *italien*
voir Fidèle

Fidence *latin*
foi **15 NOV.**

Fidentien
voir Fidence

Fieg *breton*
voir Fiacre

Filibert *néerlandais*
voir Philibert

Filiberto *italien*
voir Philibert

Filip *suédois*
voir Philippe

Filippo *italien*
voir Philippe

Filko *hongrois*
voir Philippe

Fillan *gaélique*
loup **9 JANV.**

Finbar *gaélique*
colline blanche **25 SEPT.**

Fingal *écossais*
étranger blanc

Fingar *celte*
ami blanc **23 MARS**

Finlay *gaélique*
guerrier blanc

Finn *gaélique*
blanc

Finnian
voir Fionan

Finocha *russe*
voir Eugène

Fintan *gaélique*
blanc **17 FÉV.**

Fiodor *slave*
voir Théodore

Fionan *celte*
blond **12 DÉC.**

Fionnlagh *gaélique*
voir Finlay

Fiorello *italien*
voir Florent

Firmian
voir Firmin

Firmin *latin*
solide **11 OCT.**

Fisk *suédois*
pêcheur

Fitzgerald *anglais*
fils de Gérald

Flammen *celte*
feu *(prénom mixte)* **14 JANV.**

Flann *irlandais*
roux **18 DÉC.**

Flannan *(diminutif)*
voir Flann

Flannery *gaélique*
homme aux sourcils rouges
(prénom mixte)

Flavian
voir Flavien

Flavien *latin*
blond **24 FÉV.**

Flavio *italien*
voir Flavien

Flavius *germanique*
voir Flavien

Flavy
voir Flavien

Flawiusz *polonais*
voir Flavien

Flemming *danois*
des Flandres

Flip *néerlandais*
voir Philippe

Flobert *germanique*
gloire illustre 19 AVR.

Floréal
voir Flour

Floreannan
voir Forannan

Florentien
voir Florentin

Florent *latin*
florissant 4 JUIL.

Florentin *latin*
jardin de fleurs 24 OCT.

Florès *espagnol*
voir Florent

Florestan
voir Florent

Florian *latin*
fleuri 4 MAI

Floribert *germanique*
brillante fleur 25 AVR.

Florien
voir Florian

Florimond *latin*
fleur du monde 4 NOV.

Florin *roumain*
voir Florent

Floris
voir Florent

Flour *latin*
fleuri 4 NOV.

Flynn *gaélique*
fils d'un homme roux

Foilan
voir Fillan

Folch *catalan*
voir Foulques

Folcuin *germanique*
peuple 14 DÉC.

Folke *germanique*
gardien du peuple

Folker *scandinave*
guerrier

Fonia *russe*
voir Tryphon

Forannan *celte*
fort 30 AVR.

Forester *germanique*
forestier

Fortunat *latin*
fortuné — 23 AVR.

Fortuné
voir Fortunat

Foster *anglais*
garde-champêtre

Fouad *arabe*
homme de cœur

Foucault
voir Foulques

Foulques *germanique*
peuple — 10 JUIN

Fragan *celte*
parfumé — 3 OCT.

Francelin
voir François

Francès *provençal*
voir François

Francesco *italien*
voir François

Francis
voir François

Francisco *espagnol/portugais*
voir Francis

Franciscus *germanique*
voir François

Franciszek *polonais*
voir François

Franck
voir François

Franco *italien*
voir François

François *latin*
franc — 24 JANV.

Francon
voir François

Francoun *provençal*
voir François

Franek *hongrois*
voir François

Frans *néerlandais*
voir François

Fransez *breton*
voir François

Frantisek *roumain/tchèque*
voir François

Frantz
voir François

Frantzisko *basque*
voir Francois

Franz *germanique*
voir François

Fred (diminutif)
voir Frédéric

Freddo *italien*
voir Alfred

Fredegaire
voir Fredegar

Fredegar *franc*
épieu protecteur

Fredek *hongrois*
voir Frédéric

Frédéri *provençal*
voir Frédéric

Frédéric *germanique*
paix du roi **18 JUIL.**

Fredian *germanique*
paix du dieu Ans **18 MARS**

Frédianu *corse*
voir Frédéric

Fredien
voir Fredian

Fredrik *norvégien/suédois*
voir Frédéric

Friard *franc*
qui brûle **1er AOÛT**

Fridestan *germanique*
qui est en paix **9 AVR.**

Fridien
voir Fridian

Frido *germanique*
voir Frédéric

Fridolin *germanique*
douce paix **6 MARS**

Friedhelm *germanique*
vraie paix

Friedrich *germanique*
voir Frédéric

Frigdien
voir Fridian

Frigyes *hongrois*
voir Frédéric

Frithjof *islandais*
seigneur protecteur

Fritz *germanique*
voir François

Frobert *germanique*
prudent et illustre **31 DÉC.**

Frode *scandinave*
intelligent

Frodobert
voir Frobert

Frodulf *germanique*
loup prudent **22 AVR.**

Frodulphe
voir Frodulf

Fromental
voir Frumence

Froward *franc*
seigneur intelligent

Frowin *franc*
ami intelligent

Fructueux *latin*
qui donne des fruits **16 AVR.**

Frumence *latin*
froment **27 OCT.**

Frudestan
voir Fridestan

Fryderyk *polonais*
voir Frédéric

Fulbert *germanique*
grande abondance **10 AVR.**

Fulcran *germanique*
peuple et corbeau **13 FÉVR.**

Fulgence *latin*
étincelant **1er JANV.**

Fülöp *hongrois*
voir Philippe

Fulrad *germanique*
grand conseil **17 FÉV.**

Fursy *germanique*
prince **16 JANV.**

Fuscian
voir Fuscien

Fuscien *latin*
noir **11 DÉC.**

G

Gabael *araméen*
Dieu est élevé

Gabien
voir Gabin

Gabin *latin*
des Gabinius **18 FÉV.**

Gabirel *basque*
voir Gabriel

Gabor *hongrois*
voir Gabriel

Gabriel *hébraïque*
force de Dieu **29 SEPT.**

Gabriele *italien*
voir Gabriel

Gabrielo *portugais*
voir Gabriel

Gabrieu *provençal*
voir Gabriel

Gad *hébraïque*
bonheur

Gaël *celte*
gaélique **17 DÉC.**

Gaëlic
voir Judicaël

Gaétan *latin*
de Gaète **7 AOÛT**

Gaetano *italien*
voir Gaétan

Gaile *irlandais*
voir Gaël

Gaïzka *basque*
sauveur

Galactoire *grec*
lait **27 JUIL.**

Galbert
voir Valbert

Galdin
voir Gaudin

Galeran *germanique*
corbeau étranger **26 FÉV.**

Galiano *basque*
voir Gall

Gall *latin*
gaulois **16 OCT.**

Gallican *latin*
de Gaule **14 JUIN**

Gallien
voir Gall

Galmier
voir Walter

Galtier
voir Walter

Gamaliel *hébraïque*
Dieu récompense

Gandolphe
voir Gondolphe

Garaï *basque*
conquérant

Garald *russe*
voir Gérard

Gareth *gallois*
civilisé

Garibald *germanique*
lance qui gouverne **8 JANV.**

Garnier
voir Werner

Garret *anglo-saxon*
voir Gérard

Garrick *germanique*
épée du roi

Garth *scandinave*
protection

Gartzea *basque*
jeunesse

Gary *(diminutif)*
voir Gérard

Garzio *basque*
grâce

Gaspard *sanscrit*
qui vient voir **6 JANV.**

Gaspare *italien*
voir Gaspard

Gasparês *grec*
voir Gaspard

Gasparo *italien*
voir Gaspard

Gastea *basque*
voir Gaston

Gaston *germanique*
invité **6 FÉV.**

Gatao *portugais*
voir Gaston

Gatian
voir Gatien

Gatien *latin*
de la famille Gaties **18 DÉC.**

Gaubert *germanique*
brillant gouverneur **2 MAI**

Gaucelm *germanique*
heaume qui gouverne

Gaucher *germanique*
qui gouverne l'armée **9 AVR.**

Gaud *germanique*
gouverneur **31 JANV.**

Gaudence *latin*
réjoui **25 OCT.**

Gaudens
voir Gaudence

Gaudenzio *italien*
voir Gaudence

Gaudéric *germanique*
puissant **16 AVR.**

Gaudin
voir Gaud

Gaudry
voir Gaudéric

Gaultier
voir Gautier

Gauthier
voir Gautier

Gautier *germanique*
gouverneur d'armée **9 AVR.**

Gauvain
voir Coemgen

Gauzelin
voir Gauzlin

Gauzlin *germanique*
doux hôte **6 MAI**

Gavin
voir Coemgen

Gavril *roumain*
voir Gabriel

Gavrilii *russe*
voir Gabriel

Gawen
voir Coemgen

Gawin
voir Coemgen

Gawril *scandinave*
voir Gabriel

Gearoid *irlandais*
voir Gérard

Gebuin *germanique*
ami qui donne **18 AVR.**

Gédéon *hébraïque*
saison de chance

Gélase *latin*
patronymique **21 NOV.**

Gellert *hongrois*
voir Gérard

Geminien *latin*
jumeau **31 JANV.**

Gene *(diminutif)*
voir Eugène

Genebaud *germanique*
genre hardi **5 SEPT.**

Genès *basque*
naissance

Genest *latin*
origine **25 AOÛT**

Gennard *germanique*
race forte **6 AVR.**

Gennaro *italien*
janvier

Genrich *scandinave*
voir Henri

Genséric *germanique*
puissante race **11 DÉC.**

Gentien *latin*
peuple **11 DÉC.**

Gentza *basque*
paix

Genulf *germanique*
de la race des loups **17 JANV.**

Geoffrey
voir Godefroy

Geoffroy
voir Godefroy

Georg *suédois*
voir Georges

Georges *grec*
qui travaille la terre **23 AVR.**

Georgi *bulgare*
voir Georges

Georgii *russe*
voir Georges

Georgio *italien*
voir Georges

Georgios *grec*
voir Georges

Georis
voir Georges

Gérald *germanique*
lance puissante **5 DÉC.**

Gérard *germanique*
dure lance **3 OCT.**

Gérardin *germanique*
dure lance **17 FÉV.**

Gerardo *espagnol/italien*
voir Gérard

Gèrase *germanique*
lance du dieu Ans **5 MARS**

Gérasime *germanique*
voir Gèrase

Gerasimos *grec*
voir Gérasime

Géraud *germanique*
lance puissante **13 OCT.**

Gerbert *germanique*
lance illustre

Geremia *italien*
voir Jérémie

Gergely *hongrois*
voir Grégoire

Gerhardt *germanique*
voir Gérard

Géric
voir Géry

Gerit *germanique*
voir Gérard

Gerlac *germanique*
d'un nom de lieu

Gerland *germanique*
terre et lance — 25 FÉV.

Germain *germanique*
du même sang — 28 MAI

German *espagnol*
voir Germain

Germano *portugais*
voir Germain

Germann *germanique*
voir Germain

Germen *breton*
voir Germain

Germer *germanique*
lance célèbre — 24 SEPT.

Germier
voir Germer

Germon
voir Germer

Germund *scandinave*
protégé par la lance

Gernot *franc*
combattant à l'épieu

Gerold
voir Gérald

Gerolf *germanique*
lance et loup

Geronce *grec*
vieillard — 19 JANV.

Géronimo
voir Jérôme

Gerrit
voir Géry

Gerulf
voir Gérolf

Gerulphe
voir Gérolf

Gervaas *néerlandais*
voir Gervais

Gervais *germanique*
lance audacieuse — 19 JUIN

Gervald
voir Gérald

Gervase *anglo-saxon*
voir Gervais

Gervasio *espagnol*
voir Gervais

Gervin *franc*
guerrier à l'épieu

Gerwald
voir Gérald

Géry *germanique*
lance illustre — 11 AOÛT

Gestin
voir Etienne

Gevork *arménien*
voir Georges

Ghazar *arménien*
voir Lazare

Ghazi *arabe*
conquérant

Gheorghe *roumain*
voir Georges

Ghislain *germanique*
doux otage **10 OCT.**

Giacinto *italien*
voir Jacinthe

Giacobbe *italien*
voir Jacob

Giacomo *italien*
voir Jacques

Giacoppo *italien*
voir Jacob

Gian *italien*
voir Jean

Gianni *italien*
voir Jean

Gibrian
voir Gibrien

Gibrien *celte*
grande estime **28 JUIL.**

Gibril *arabe*
voir Gabriel

Gicquel
voir Judicaël

Gideon *germanique*
voir Gédéon

Gilbert *germanique*
otage célèbre **7 JUIN**

Gilberto *espagnol/italien/portugais*
voir Gilbert

Gildard *germanique*
otage fort **8 JUIN**

Gildas *celte*
celui qui voit **29 JANV.**

Gildouin *germanique*
ami otage **27 JANV.**

Gildwen *breton*
voir Gildouin

Gildwin *franc*
ami otage

Gilermo *basque*
voir Guillaume

Gilleasbuig *gaélique*
voir Archibald

Gilles *grec*
protection **1er SEPT.**

Gillian
voir Gilles

Gillis
voir Gilles

Giloun *provençal*
voir Gilles

Ginest
voir Genest

Gino *italien*
voir Louis

Gioachino *italien*
voir Joachim

Gioffredo *corse*
voir Geoffroy

Giordano *italien*
voir Jourdain

Giorgio *italien*
voir Georges

Giovanni *italien*
voir Jean

Giraldo *italien*
voir Gérard

Girard
voir Gérard

Giraud
voir Géraud

Girec
voir Guirec

Gireg
voir Guirec

Girolamo *italien*
voir Jérôme

Girome *provençal*
voir Jérôme

Gislebert
voir Gilbert

Gismondo *italien*
voir Sigismond

Giuliano *italien*
voir Jules

Giulio *italien*
voir Jules

Giuseppe *italien*
voir Joseph

Giusto *italien*
voir Juste

Giustino *italien*
voir Justin

Giustu *corse*
voir Juste

Glaudi *provençal*
voir Claude

Glaudo *provençal*
voir Claude

Gleb *slave*
peuple **24 JUIL.**

Glenn *celte*
vallée **11 SEPT.**

Gligor *roumain*
voir Grégoire

Glogor *albanais*
voir Grégoire

Goal
voir Gurval

Goar *celte*
arc — 6 JUIL.

Gobain *latin*
goujon — 20 JUIN

Gobert *germanique*
dieu illustre — 20 AOÛT

Gobrian
voir Gobrien

Gobrien *celte*
digne — 3 NOV.

Godart *germanique*
dieu illustre — 23 AOÛT

Godefroi
voir Godefroy

Godefroy *germanique*
paix de Dieu — 8 NOV.

Godfred
voir Godefroy

Godfrey
voir Godefroy

Godfried
voir Godefroy

Godofredo *espagnol/portugais*
voir Godefroy

Godon *germanique*
dieu — 26 MAI

Godwin *germanique*
ami de Dieu — 19 AVR.

Goéric *germanique*
Dieu puissant — 19 SEPT.

Goesta *scandinave*
voir Gustave

Goffredo *italien*
voir Godefroy

Gofraidt *irlandais*
voir Godefroy

Gohard *germanique*
dieu fort — 27 JUIN

Goharz *breton*
voir Gohard

Golven
voir Goulven

Gombert *germanique*
homme illustre — 11 MAI

Gomer *hébraïque*
terminé

Gondolphe *germanique*
combat du loup — 3 AVR.

Gondulph
voir Gondolphe

Goneri *celte*
sacré — 19 JUIL.

Gontier
voir Gunther

Gontran *germanique*
corbeau guerrier **28 MARS**

Gonval
voir Gurval

Gonzague
patronymique **10 JANV.**

Gonzalès *espagnol*
voir Gundisalvo

Gonzalo
voir Gonzalès

Goran *suédois*
voir Georges

Gordan
voir Georges

Gorde
voir Georges

Gordieï *russe*
voir Georges

Gordien
voir Georges

Gordon *écossais*
colline

Gorgon
voir Georges

Goris *néerlandais*
voir Grégoire

Gorka *russe*
voir Georges

Gorry
voir Georges

Gorya *russe*
voir Georges

Gothard *germanique*
dieu fort **4 MAI**

Gottfried *germanique*
voir Godefroy

Gottlieb *germanique*
voir Théophile

Gouesnou *celte*
combat **25 OCT.**

Goulia *russe*
voir Serge

Goulien
voir Goulven

Goulven *celte*
lumière sacrée **1er JUIL.**

Goulwen
voir Goulven

Goureï *hébraïque*
petit lion **3 JUIL.**

Gouziern *celte*
seigneur **3 JUIL.**

Govan *celte*
forgeron **26 MARS**

Govran
voir Gobrien

Gradlon
voir Gralon

Graham *anglais*
grain

Gralon *celte*
plein de grâce 1er NOV.

Gratian
voir Gratien

Gratien *latin*
grâce 22 DÉC.

Greagoir *irlandais*
voir Grégoire

Greger *suédois*
voir Grégoire

Grégoire *grec*
veilleur 3 SEPT.

Gregor *russe*
voir Grégoire

Grégori *russe*
voir Grégoire

Gregorian
voir Grégoire

Gregorio *espagnol/italien/portugais*
voir Grégoire

Grêgorios *grec*
voir Grégoire

Grégorius *néerlandais*
voir Grégoire

Gregory *anglo-saxon*
voir Grégoire

Gregos *danois*
voir Grégoire

Grichka *russe*
voir Grégoire

Griffyth *gallois*
prince fort

Grigor *russe*
voir Grégoire

Grigori *russe*
voir Grégoire

Grim *scandinave*
masqué

Grimaud *germanique*
ancien et cruel 8 JUIL.

Grzegorz *polonais*
voir Grégoire

Guadalupe *mexicain*
patronymique (prénom mixte) 9 DÉC.

Gualbert
voir Valbert

Gualterio *espagnol*
voir Gautier

Gualtiero *italien*
voir Gautier

Guaniero *italien*
voir Werner

Gudbjorn *scandinave*
ours des dieux

Gudmund *scandinave*
protégé par les dieux

Guena *russe*
voir Eugène

Guenael
voir Gwenaël

Guénaut
voir Gwenaël

Guénolé *celte*
sacré *(prénom mixte)* **3 MARS**

Guérand
voir Géraud

Guerassim *grec*
estimé **6 FÉV.**

Guéric *germanique*
qui protège le roi **19 AOÛT**

Guérin *germanique*
qui protège **28 AOÛT**

Guerman *russe*
voir Germain

Guéroch
voir Guirec

Guéthenoc
voir Gwezhenneg

Guévroc
voir Guirec

Guewen
voir Gwenn

Guglielmo *italien*
voir Guillaume

Guibert *germanique*
illustre combat **23 MAI**

Guideone *italien*
voir Gédéon

Guido *espagnol/italien*
voir Guy

Guidon *hébraïque*
chanceux

Guidoni *italien*
voir Guy

Guilbaud
voir Willibald

Guilhelm
voir Guillaume

Guilherme *portugais*
voir Guillaume

Guillaume *germanique*
volonté **10 JANV.**

Guillem
voir Guillaume

Guillemin
voir Guillaume

Guillermo *espagnol*
voir Guillaume

Guillot *normand*
voir Guillaume

Guingalois
voir Gwenolé

Guinoc *celte*
blanc **13 AVR.**

Guinou
voir Gouesnou

Guiraud
voir Géraud

Guirec *celte*
ambre **17 FÉV.**

Guislain
voir Ghislain

Guivéone *hébraïque*
petite colline

Guivi
voir David

Gundar
voir Gunnar

Gundisalvo *germanique*
prêt au combat

Gunnar *germanique*
guerrier chauve

Gunnolf *scandinave*
loup combattant

Gunnulf
voir Gunnolf

Gunther *germanique*
guerrier

Gurtiern *celte*
3 JUIL.

Gurutz *basque*
croix sacrée

Gurval *celte*
très valeureux **6 JUIN**

Gurvan
voir Gurval

Gurwal
voir Gurval

Gustaaf *danois*
voir Gustave

Gustaof *danois*
voir Gustave

Gustave *latin*
vénérable **7 OCT.**

Gustavo *espagnol/italien*
voir Gustave

Gusztav *hongrois*
voir Gustave

Guthlac *celte*
bois vaillant **11 AVR.**

Guthval
voir Guthlac

Guy *germanique*
bois **12 JUIN**

Guyon
voir Guy

Gwaloé
voir Guénolé

Gweltaz
voir Gildas

Gwenaël *celte*
ange blanc **3 NOV.**

Gwenal
voir Gwenaël

Gwendal *celte*
sacré 18 JANV.

Gwénégan *celte*
courage sacré 21 OCT.

Gwenn *celte*
blanc 18 OCT.

Gwenneg *celte*
heureux 6 NOV.

Gwennin *celte*
blanc 19 AOÛT

Gwennog
voir Gwenneg

Gwénolé
voir Guénolé

Gwenou
voir Gouesnou

Gwenvael *celte*
prince blanc 11 DÉC.

Gwethenoc *celte*
combat 5 NOV.

Gwévrog
voir Guirec

Gwezhenneg *celte*
combat 5 NOV.

Gwier *breton*
voir Guy

Gwilherm *breton*
voir Guillaume

Gwilym *gallois*
voir Guillaume

Gwyn *gallois*
beau

Gwinoc
voir Winnoc

Gwion *breton*
voir Guy

György *hongrois*
voir Georges

Gyozö *hongrois*
voir Victor

Gyala *hongrois*
voir Jules

Gyula *hongrois/ roumain*
voir Jules

Heureux qui comme Ulysse...

Achille et Hector, prénoms de deux héros de la guerre de Troie ont connu un petit succès au début du xxe siècle. Ulysse est apparu vers 2000. Jason, très en vogue aux États-Unis n'a pas été très suivi dans l'Hexagone. En revanche, Virgile a séduit bon nombre de parents, amateurs de l'Énéide, qui fut écrite par le poète grec à partir de 29 avant J.-C.

Les autres héros de la guerre de Troie comme Agamemnon, Ajax, Ménélas sont rares à l'état civil : seraient-ils difficiles à porter ?

H

Haaken
voir Hakon

Habib *arabe*
ami

Hababuc *hébraïque*
menthe sauvage

Hadad *hébraïque*
aigu

Hadj *arabe*
pélerin

Hadrien
voir Adrien

Haffad *arabe*
vigilant

Hafid *arabe*
protecteur

Hagaï
voir Aggé

Hagan *germanique*
forte défense

Hagen *scandinave*
protection

Haize *basque*
vent

Hakim *arabe*
sage

Hakon *norvégien*
bien né

Hale *hawaïen*
voir Henri

Halfdan
voir Halfden

Halden *germanique*
semi danois

Haldor *scandinave*
la pierre de Thor

Halfden *scandinave*
semi danois

Halfred *scandinave*
protection

Halvard *germanique*
protecteur **15 MAI**

Halvor
voir Halvard

Hamal *arabe*
agneau

Hamilcar *phénicien*
grâce du dieu

Hamish *écossais*
voir Jacques

Hamza *arabe*
vif

Hanale *hawaïen*
voir Henri

Hanko *germanique*
voir Jean

Hannes *finlandais*
voir Jean

Hanno *germanique*
voir Jean

Hannraoi *irlandais*
voir Henri

Hans *scandinave*
voir Jean

Hänsel *germanique*
voir Jean

Haoa *hawaïen*
gardien chef

Harald *germanique*
glorieux 1er NOV.

Hardewin
voir Hardouin

Hardouin *germanique*
ami fort

Haribert
voir Héribert

Harold *anglo-saxon*
voir Harald

Haroun *arabe*
voir Aaron

Harri *basque*
pierre

Harris *anglo-saxon*
voir Henri

Harrisson *anglo-saxon*
voir Henri

Harry *anglo-saxon*
voir Henri

Hartz *basque*
ours

Harvey *anglo-saxon*
voir Hervé

Hassan *arabe*
vertueux

Hasten *scandinave*
pierre importante

Hasting
voir Hasten

Havard *scandinave*
protecteur

Havika *hawaïen*
voir David

Hector *grec*
qui possède

Héiarii *polynésien*
couronne du roi

Heimanu *polynésien*
couronne d'oiseau

Heiner *germanique*
voir Henri

Heini *germanique*
voir Henri

Heimrad *germanique*
maison du conseil **28 JUIN**

Heinrich *germanique*
voir Henri

Heinz *germanique*
voir Henri

Heitapu *polynésien*
couronne sacrée

Helder
voir Heldrad

Heldrad *germanique*
salut du conseil **13 MARS**

Helgi *scandinave*
consacré aux dieux

Hélier
voir Elie

Heliodore *grec*
don du soleil

Hélios *grec*
patronyme mythologique

Heliz *basque*
voir Félix

Helmut *germanique*
protection **16 JANV.**

Hélori *celte*
noble généreux **19 MAI**

Hélouri
voir Hélori

Hendrik *germanique*
voir Henri

Héneg *celte*
aîné **28 JUIL.**

Henerik *danois*
voir Henri

Henk *germanique*
voir Henri

Henning *scandinave*
libre fondateur

Henok *hébraïque*
adepte

Henri *germanique*
maison du roi **13 JUIL.**

Henrik *danois*
voir Henri

Henrique *espagnol/portugais*
voir Henri

Héraclide *grec*
fils d'Héraclès — 21 JUIN

Herbaud
voir Héribert

Herbert
voir Héribert

Herblain
voir Héribert

Herbot *celte*
grande valeur — 13 JUIN

Hercule *grec*
patronyme mythologique

Herculien
voir Hercule

Heribald *germanique*
armée audacieuse — 25 AVR.

Héribert *germanique*
grande armée — 20 MARS

Heriberto *espagnol*
voir Héribert

Heriwald
voir Héribald

Herle
voir Erlé

Herluf *scandinave*
fils de héros

Herluin *germanique*
douce armée — 26 AOÛT

Hermagoras *grec*
place d'Hermès

Hermann *germanique*
soldat — 25 SEPT.

Hermas
voir Hermès

Hermeland *germanique*
armée de terre — 25 MARS

Herménégilde *germanique*
otage de l'armée — 13 AVR.

Hermenfroi *scandinave*
paix du dieu Irmin — 30 DÉC.

Hermès *grec*
du Dieu Hermès — 28 AOÛT

Hermod *scandinave*
courageux au combat

Hermogene *grec*
né d'Hermès

Hernando *basque*
voir Fernand

Hernin *celte*
très fort — 30 OCT.

Herodion *grec*
héros — 8 AVR.

Herulf *scandinave*
loup de l'armée

Hervé *celte*
ardent — 17 JUIN

Herveig *breton*
voir Hervé

Hervelin
voir Hervé

Hervieu *normand*
voir Hervé

Herwig *germanique*
voir Hervé

Hiamovi *amérindien Cheyenne*
grand chef

Hibai *basque*
rivière

Hicham *arabe*
générosité

Hieronim *polonais*
voir Jérôme

Hieronymos *grec*
voir Jérôme

Hilaire *latin*
gai **3 NOV.**

Hilarian
voir Hilaire

Hilario *espagnol*
voir Hilaire

Hilarion
voir Hilaire

Hilbert *franc*
illustre au combat

Hildebert *germanique*
illustre combat **27 MAI**

Hildebrand *germanique*
armure de combat **25 MAI**

Hildemar *germanique*
célèbre combat **13 JANV.**

Hiler *breton*
voir Hilaire

Hillel *hébraïque*
louange

Hilmar *scandinave*
casqué

Hindrik *néerlandais*
voir Henri

Hippolyte *grec*
libérateur de chevaux **13 AOÛT**

Hiu *hawaïen*
voir Hugues

Hoanui *polynésien*
grand ami

Hoarne
voir Hervé

Hochéa *hébraïque*
salut

Hocine
voir Hassan

Hodéi *basque*
nuage

Hoël *celte*
œil perçant **13 JUIL.**

Hogan *gaélique*
jeunesse

Holger *scandinave*
puissant par l'épieu

Homère *grec*
patronymique

Homêros *grec*
voir Homère

Honon *amérindien*
ours

Honorat
voir Honoré

Honorato *espagnol*
voir Honoré

Honoré *latin*
honoré **16 MAI**

Honorin
voir Honoré

Honorius *germanique*
voir Honoré

Horace *égyptien*
du dieu Horus

Horacio *espagnol/portugais*
voir Horace

Horatien
voir Horace

Horst *germanique*
broussailles

Hortens
de la famille des Hortensius **11 JANV.**

Horus *égyptien*
patronyme mythologique

Hossein *arabe*
vertueux

Houardon *celte*
fort et bon **19 NOV.**

Houarn
voir Hervé

Houarne
voir Hervé

Houarniaule
voir Hervé

Houarvian *celte*
homme de fer **5 DÉC.**

Hovaghim *arménien*
voir Joachim

Hovan *arménien*
voir Jean

Hovsep *arménien*
voir Joseph

Hubert *germanique*
très intelligent **3 NOV.**

Hubertus *germanique*
voir Hubert

Hubrecht *néerlandais*
voir Hubert

Hugh *anglo-saxon*
voir Hugues

Hugo
voir Hugues

Hugolin
voir Hugues

Hugon
voir Hugues

Hugues *germanique*
intelligent **1er AVR.**

Humbert *germanique*
géant **25 MARS**

Humberto *espagnol*
voir Humbert

Humfroi
voir Humfroy

Humfroy *germanique*
gardien de la paix **8 MARS**

Humphrey *anglo-saxon*
voir Humphroy

Hunfredo *portugais*
voir Humfroy

Hur *hébraïque*
noble

Hussein
voir Hossein

Hyacinthe *grec*
jacinthe ***(prénom mixte)*** **17 AOÛT**

Hyacinthus *germanique*
voir Hyacinthe

Hydulphe *germanique*
travail et loup **14 JUIN**

Hyeronimus *germanique*
voir Jérôme

Hyvarnion
voir Hervé

Les beautés de la nature

Les parents attachés aux beautés de la nature ont assez peu de choix du côté des garçons. Le très classique Olivier est un peu passé de mode, Ambroise, Narcisse et Hyacinthe sont rarissimes, Sylvain est un peu plus courant. Mais il ne faut pas oublier les prénoms dont l'étymologie fait référence à la nature, comme Laurent, qui signifie « laurier » en latin, Yves, qui veut dire « if » en celte, Ilan, hébraïque, que l'on traduit par « arbre ». Moderne, Lilian, féminin de Liliane qui signifie « lys » en hébreu. Du côté du règne animal, rappelons Corneille, du nom de l'oiseau, Colomban, masculin de Colombe, Léo qui signifie « lion » en latin, avec ses dérivés Léon, Léonce, Lionel. Et pour le règne minéral, le traditionnel Pierre, et Béryl, nom générique de pierres semi-précieuses.

Les fruits, les herbes et les aromates font depuis peu leur apparition : Cassis, Origan, Romarin... À quand Basilic ou Mistral ?

I

Iagan
voir Aidan

Iago *espagnol*
voir Jacques

Iain *gaélique*
voir Jean

Iakoub *russe*
voir Jacob

Iakovos *grec*
voir Jacob

Ian *danois*
voir Jean

Ianis *grec*
voir Jean

Iaroslav *slave*
ensoleillé

Ibai *basque*
fleuve

Iban *basque*
cadeau de Dieu

Ibar
voir Ingmar

Ibrahim *arabe*
voir Abraham

Icare *grec*
patronyme mythologique

Ichaï *hébraïque*
cadeau

Idesbald *germanique*
travail hardi 18 AVR.

Idriss *arabe*
studieux

Iduned *breton*
voir Edwin

Iefrem *russe*
voir Ephraïm

Iegor *russe*
voir Georges

Ielisseï *russe*
voir Elisée

Ielizar *russe*
voir Eléazar

Iemelian *russe*
voir Emile

Ienia *grec*
forte armée **11 OCT.**

Ieremeï *russe*
voir Jérémie

Ieronim *russe*
voir Jérôme

Ierzi *polonais*
voir Georges

Ieudokim *grec*
couvert de gloire **13 AOÛT**

Ievgueni *russe*
voir Eugène

Ievseï *grec*
pieux **7 JUIN**

Ievtikhi *grec*
heureux **22 MARS**

Ifereimi *polynésien*
voir Ephraïm

Ifor *gallois*
voir Yves

Ignac *hongrois*
voir Ignace

Ignace *latin*
feu **31 JUIL.**

Ignacio *espagnol*
voir Ignace

Ignatios *grec*
voir Ignace

Ignatius *néerlandais*
voir Ignace

Ignatz *germanique*
voir Ignace

Ignazio *italien*
voir Ignace

Igor *slave*
gardien de la jeunesse **5 JUIN**

Ihazinthu *basque*
voir Hyacinthe

Ikatz *basque*
charbon

Ike *anglo-saxon*
voir Isaac

Ikey
voir Isaac

Ilan *hébraïque*
arbre

Ilari *basque*
voir Hilaire

Ilario *italien*
voir Hilaire

Ilarion *russe*
voir Hilaire

Ildefonse *germanique*
rapide combat **23 JANV.**

Ilian *russe*
voir Elie

Iliodor *grec*
don du soleil — 11 OCT.

Ilioucha *russe*
voir Elie

Illès *hongrois*
voir Elie

Illia *croate*
voir Elie

Illias *grec*
voir Elie

Iltud *celte*
peuple — 6 NOV.

Iluna *basque*
sombre

Ilya *russe*
voir Elie

Imanol *basque*
voir Emmanuel

Immanuel *néerlandais*
voir Emmanuel

Imran *arabe*
richesse

Imre *hongrois*
voir Aymeric

Inaki *basque*
voir Ignace

Inan *celte*
pur — 17 NOV.

Ince *hongrois*
voir Innocent

Indar *basque*
force

Ingemann *scandinave*
homme du dieu Ing

Ingmar *scandinave*
fils d'Ing

Ingolf *scandinave*
loup du dieu Ing

Ingvald *scandinave*
puissant par le dieu Ing

Ingwar *scandinave*
gouverneur du dieu Ing

Ingwenoc *scandinave*
héritier du dieu Ing

Iniaki *basque*
voir Ignace

Iniego *basque*
feu

Inigo *espagnol*
voir Iniego

Innis *celte*
insulaire

Innocent *latin*
innocent — 28 DÉC.

Innocenzio *italien*
voir Innocent

Inocencio *espagnol*
voir Innocent

Inocke *polynésien*
voir Enoch

Iohanan
voir Jean

Ioakim *russe*
voir Joachim

Ioan *roumain*
voir Jean

Iôannês *grec*
voir Jean

Ioannikos *grec*
voir Jean

Ioannis *grec*
voir Jean

Iokepa *hawaïen*
voir Joseph

Iomhair *gaélique*
voir Yves

Ion *roumain*
voir Jean

Ionakana *hawaïen*
voir Jonathan

Ionel *roumain*
voir Jean

Iordan *russe*
voir Jordan

Iordanos *grec*
voir Jordan

Iorgos *grec*
voir Georges

Iôseph *grec*
voir Joseph

Iosif *roumain/tchèque*
voir Joseph

Iouenn *celte*
jeune

Ioulian *russe*
voir Julien

Iouri *russe*
voir Georges

Ipati *grec*
haut **27 JANV.**

Iratze *basque*
en l'honneur de la Vierge Marie

Irenarque *grec*
pacifiste **27 NOV.**

Irénée *grec*
paix **27 JUIN**

Irving *écossais*
ami de la mer

Isaac *hébraïque*
Dieu a ri

Isaakii *russe*
voir Isaac

Isaakios *grec*
voir Isaac

Isace
voir Isaac

Isahag *arménien*
voir Isaac

Isaïe *hébraïque*
Dieu délivre

Isak *suédois*
voir Isaac

Isarn *germanique*
aigle glacé **24 SEPT.**

Ischa *slave*
voir Isaac

Isekii *polynésien*
voir Ezéchiel

Ishaq *arabe*
voir Isaac

Isidore *grec*
don d'Isis **4 AVR.**

Isidoro *espagnol/portugais*
voir Isidore

Isidoros *grec*
voir Isidore

Iskaner *arabe*
voir Alexandre

Ismaël *hébraïque*
Dieu entendra

Ismet *arabe*
vertu

Isnard *germanique*
forte glace **19 MARS**

Israël *hébraïque*
Dieu combattra

Issaï *russe*
voir Isaïe

Istebe *basque*
voir Etienne

Istvan *hongrois*
voir Etienne

Itaï *hébraïque*
Dieu est avec moi

Itamar *hébraïque*
palmier

Itier *germanique*
travail de l'armée

Iturri *basque*
torrent

Iukini *hawaïen*
voir Eugène

Iuliu *roumain*
voir Jules

Ivan *russe*
voir Yves

Ivanhoe
voir Jean

Ivar *suédois*
voir Yves

Ivelin
voir Yves

Iven *scandinave*
voir Jean

Ivi *breton*
voir Yves

Ivin
voir Yves

Ivor *scandinave*
voir Yves

Ivy
voir Yves

Iwan
voir Yves

Ixaka *basque*
voir Isaac

Ixidor *basque*
voir Isidore

Ixtebe *basque*
voir Etienne

Iyad *arabe*
soutien

Izak *polonais*
voir Isaac

Izanic *basque*
voir Yves

Izidor *hongrois*
voir Isidore

Izsak *hongrois*
voir Isaac

Izydor *polonais*
voir Isidore

Izzat *arabe*
noblesse

J

Jaakko *finlandais*
voir Jacques

Jaber *arabe*
réconfortant

Jacek *tchèque*
voir Jacques

Jacinto *basque/espagnol/portugais*
voir Hyacinthe

Jack *anglo-saxon*
voir Jean

Jacob *hébraïque*
Dieu a soutenu

Jacobo *espagnol*
voir Jacob

Jacopo *italien*
voir Jacob

Jacopone *italien*
voir Jacob

Jacquemin
voir Jacques

Jacques *hébraïque*
Dieu a soutenu **25 JUIL.**

Jacut
voir Jagu

Jael
voir Joël

Jafar *arabe*
fleuve

Jaffrez
voir Geoffroy

Jago *basque*
voir Jacques

Jagu *breton*
voir Jacques

Jaime *espagnol*
voir Jacques

Jaimie *hébraïque*
(prénom mixte) voir Jacques

Jakez *breton*
voir Jacques

Jakome *basque*
voir Jacques

Jakue *basque*
voir Jacques

Jale *polynésien*
voir Charles

Jalm
voir Jacques

Jamal *arabe*
beau

Jamel
voir Jamal

James *anglo-saxon*
voir Jacques

Jamie *hébraïque*
(prénom mixte) voir Jacques

Jan *danois*
voir Jean

Jani *finlandais*
voir Jean

Janis *néerlandais*
voir Jean

Janko *roumain*
voir Jean

Janos *hongrois*
voir Jean

Janpier *basque*
voir Janvier

Jans *danois*
voir Jean

Januaro *portugais*
voir Janvier

Janvier *latin*
né au mois de janvier

Jaoua *breton*
voir Joévin

Jaouen
voir Joévin

Jaoven
voir Joévin

Japhet *hébraïque*
il est beau

Jarek *polonais*
né en janvier

Jarlath *irlandais*
grand chef **6 JUIN**

Jaroslav *tchèque*
gloire du printemps

Jarvis *anglo-saxon*
voir Gervais

Jascha *scandinave*
voir Jacob

Jason *hébraïque*
Dieu sauve **12 JUIL.**

Jasper
voir Gaspard

Jauffret
voir Godefroy

Jaume *catalan*
voir Jacques

Javier *basque*
voir Xavier

Jawad *arabe*
générosité

Jean *hébraïque*
Dieu a fait grâce **24 JUIN**

Jeannequin
voir Jean

Jef *néerlandais*
voir Joseph

Jehan
voir Jean

Jeke *polynésien*
voir Jacques

Jelly
voir Gilles

Jenaro *espagnol*
janvier

Jenö *hongrois*
voir Eugène

Jens *danois*
voir Jean

Jeoire
voir Georges

Jephté *hébraïque*
libéré

Jeremiah *anglo-saxon*
voir Jérémie

Jeremias *espagnol/néerlandais*
voir Jérémie

Jérémie *hébraïque*
Dieu élève

Jérémy
voir Jérémie

Jéro *slave*
voir Jérôme

Jeroen *néerlandais*
voir Jérôme

Jérôme *grec*
sacré **30 SEPT.**

Jerrold *anglo-saxon*
voir Gérald

Jerry *anglo-saxon*
voir Gérard

Jerzy *polonais*
voir Georges

Jessé *hébraïque*
vigoureux **4 NOV.**

Jessie
voir Jessé

Jestin
voir Juste

Jésus *hébraïque*
patronymique

Jevon *celte*
voir Jean

Jezekael
voir Judicaël

Jezekel
voir Judicaël

Jikel
voir Judicaël

Jili *breton*
voir Gilles

Jim *anglo-saxon*
voir Jacques

Jimmy *anglo-saxon*
voir Jacques

Jiri *tchèque*
voir Georges

Joab *hébraïque*
Dieu du père

Joachim *hébraïque*
Dieu s'est levé **26 JUIL.**

Joakin *basque*
voir Joachim

Joaquin
voir Joachim

Joan *catalan*
voir Jean

Joaniz *basque*
voir Joachim

Joanko *basque*
voir Jean

Joao *portugais*
voir Jean

Joas *hébraïque*
Dieu a donné

Job *hébraïque*
Dieu a voulu

Jobic
voir Job

Jobig
voir Job

Jocelin
voir Josselin

Jochin *basque*
voir Joachim

Jocond *latin*
agréable **14 DÉC.**

Jodel
voir Joël

Joe *anglo-saxon*
voir Joël

Joël *hébraïque*
Yavé Dieu **13 JUIL.**

Joen *danois*
voir Jean

Joévin *latin*
de Jupiter **2 MARS**

Joey *anglo-saxon*
voir Joseph

Joffrey
voir Godefroy

Johan
voir Jean

Johannès *germanique*
voir Jean

John *anglo-saxon*
voir Jean

Johnny *anglo-saxon*
voir Jean

Jokin *basque*
voir Joachim

Jonas *hébraïque*
colombe

Jonat
voir Jonathan

Jonathan *hébraïque*
Dieu a donné **29 DÉC.**

Joni *polynésien*
voir Jean

Jonukas *lituanien*
voir Jonas

Joop *néerlandais*
voir Jean

Jooren *néerlandais*
voir Georges

Joos *néerlandais*
voir Joseph

Joosep *finlandais*
voir Joseph

Joost *germanique*
voir Justin

Joran *breton*
voir Georges

Joram *hébraïque*
Dieu est exalté

Jordan
voir Jourdain

Jordao *portugais*
voir Jourdain

Jordi *catalan*
voir Jourdain

Jordy
voir Jourdain

Jore *normand*
voir Georges

Joren *danois*
voir Georges

Jörg *germanique*
voir Georges

Jorge *espagnol/portugais*
voir Georges

Jorgen *norvégien*
voir Georges

Jorgi *provençal*
voir Georges

Joris *néerlandais*
voir Georges

Jörn *danois*
voir Georges

Jos *breton*
voir Joseph

Josaphat *hébraïque*
Dieu juge 12 NOV.

Joscelin
voir Josselin

Joseba *basque*
voir Joseph

José *hébraïque*
Dieu ajoute 9 JUIN

Joseph *hébraïque*
Dieu ajoute 19 MARS

Josephus *néerlandais*
voir Joseph

Josephin
voir Joseph

Joshua
voir Josué

Josias *hébraïque*
Dieu guérit

Josip *yougoslave*
voir José

Josselin *germanique*
du dieu Gauz 13 DÉC.

Josserand
voir Josselin

Josu *basque*
voir Joseph

Josuah *anglo-saxon*
voir Josué

Josué *hébraïque*
Dieu est salut

Jouli *russe*
voir Jules

Jouan *provençal*
voir Jean

Jourdain *hébraïque*
du fleuve Jourdain 13 FÉV.

Jouse *provençal*
voir Joseph

Jovan *serbe*
voir Jovien

Jovien *latin*
jeune

Jovin
voir Jovien

Jovinien
voir Jovien

Joxin *basque*
voir Joseph

Jozsef *hongrois*
voir Joseph

Juan *espagnol*
voir Jean

Juanito *espagnol*
voir Jean

Juanuaro *espagnol*
voir Janvier

Jucha *finlandais*
voir Jean

Jud *celte*
chef **28 OCT.**

Judael
voir Judicaël

Judas *hébraïque*
je remercierai Dieu

Jude
voir Judas

Judicaël *celte*
généreux **17 DÉC.**

Judiel
voir Judicaël

Judoc
voir Jud

Judwal *celte*
valeureux prince **21 OCT.**

Juhani *finlandais*
voir Jean

Jukla *finlandais*
voir Jean

Julen *basque*
voir Jules

Jules *latin*
de la famille Iulius **12 AVR.**

Julian
voir Julien

Julien *latin*
de la famille Iulius **27 JANV.**

Julio *espagnol/italien/portugais*
voir Jules

Julius *germanique*
voir Jules

Juliusz *polonais*
voir Jules

Junès *basque*
voir Jean

Junien *latin*
juin **16 OCT.**

Jürgen *germanique*
voir Georges

Jurgis *lituanien*
voir Georges

Jürn *germanique*
voir Jean

Jussi *finlandais*
voir Jean

Juste *latin*
juste **14 OCT.**

Justin *latin*
juste **1er JUIN**

Justinien
voir Justin

Justinus *germanique*
voir Justin

Justus *germanique*
voir Juste

Justyn *polonais*
voir Justin

Juuso *finlandais*
voir Jean

Juvenal *latin*
jeunesse **30 AOÛT**

Juvence
voir Juventin

Juventin *latin*
jeunesse **25 JANV.**

Juvin *latin*
jeune homme **3 OCT.**

Juzeg *celte*
chef **13 DÉC.**

Branchés : les prénoms de la littérature

Les auteurs empruntent en général les prénoms de leurs héros à l'état civil. Parfois, ils les créent. Alors ce sont les parents qui s'en inspirent. Deux courants : les légendes médiévales et le théâtre du XVIIe siècle.

Quelques idées ?

- Les héros des romans des chevaliers de la Table ronde : Arthur, Galahad, Gauvain, Lancelot, Merlin, Perceval, Yvain.
- Robin, héros de la légende médiévale anglaise « Robin des bois ».
- Les personnages de Molière : Argan, Cléante, Léandre, Lysandre.
- Rodrigue, héros du *Cid* de Corneille
- Roméo, héros de William Shakespeare.
- Cyrano, héros d'Edmond Rostand.
- Angel, Colin, héros de *L'Automne à Pékin* de Boris Vian.

Un prénom classe

Élégants, racés, ils signent l'appartenance (très probable) à une famille BCBG. La particule leur va très bien, mais un patronyme court et sobre leur convient aussi.

Au palmarès :

- Alban
- Alexandre
- Alexis
- Amaury
- Ambroise
- Antoine
- Augustin
- Baptiste
- Baudouin
- Blaise
- Charles
- Clément
- Côme
- Édouard
- Eloi
- Foucault
- Gabriel
- Ghislain
- Gonzague
- Hadrien
- Hubert
- Jean
- Louis
- Maxime
- Mayeul
- Nicolas
- Paul
- Pierre
- Renaud
- Romain
- Séverin
- Stanislas
- Vianney

K

Kaarlo *finlandais*
voir Charles

Kacem *arabe*
élégant

Kacey
voir Casey

Kadar *arabe*
puissant

Kadec
voir Kado

Kadeg
voir Kado

Kader
voir Kadir

Kadir *arabe*
capable

Kado *celte*
combat 14 JANV.

Kadoc
voir Kado

Kadog
voir Kado

Kaelig
voir Judicaël

Kaïd *arabe*
chef

Kaietano *basque*
voir Gaétan

Kajetan *germanique*
voir Gaétan

Kala *hawaïen*
soleil

Kalani *hawaïen*
les cieux

Kalendion
voir Calendal

Kalina *russe*
vainqueur 6 JUIN

Kallinikos
voir Callinikos

Kallisto *basque*
voir Calliste

Kalman *hongrois*
voir Colomban

Kamakani *hawaïen*
vent

Kamel *arabe*
parfait

Kamil *tchèque*
voir Camille

Kamill *hongrois*
voir Camille

Kanaïela *hawaïen*
voir Daniel

Kane
voir Cathan

Kanoa *hawaïen*
homme libre

Kaour *breton*
(diminutif) voir Corentin

Kaourentin *breton*
voir Corentin

Karadec
voir Caradec

Karel
voir Charles

Karentec *celte*
ami **16 MAI**

Karim *arabe*
généreux

Karl *danois*
voir Charles

Karol *polonais*
voir Charles

Karolis *lituanien*
voir Charles

Karoly *croate/hongrois*
voir Charles

Karsten
voir Christian

Kazimierz *polonais*
voir Casimir

Kaspar
voir Gaspard

Kasper
voir Gaspard

Kassian *russe*
voir Cassien

Kast
voir Cadoc

Kastari *finlandais*
voir Baptiste

Kavan *celte*
sage combat **3 SEPT.**

Kawika *hawaïen*
voir David

Kay *anglo-saxon*
voir Ké

Kayne *gaélique*
tribut

Kazmer *hongrois*
voir Casimir

Ké *celte*
combat **24 FÉV.**

Keaka *hawaïen*
voir Jacques

Kealan
voir Keallagh

Keallagh *irlandais*
combat

Kean *gaélique*
ancien

Kees *néerlandais*
voir Corneille

Keir *gaélique*
noir

Keith *anglais*
de la forêt

Kelan
voir Caolan

Kelekolio *hawaïen*
voir Grégoire

Kelemen *hongrois*
voir Clément

Kelig
voir Ké

Kelin *gaélique*
église **7 OCT.**

Keltoum *arabe*
poupon

Kelvin
voir Calvin

Kemal *arabe*
parfait

Ken ***(diminutif)***
(prénom mixte) voir Kenan

Kenan *celte*
beau **24 NOV.**

Kened
voir Kenan

Kenelm *celte*
belle richesse **17 JUIL.**

Kenneth *écossais*
issu du feu **1er AOÛT**

Kenny
voir Kenan

Kentigern *écossais*
tête blanche **13 JANV.**

Keoki *hawaïen*
voir Georges

Keoni *hawaïen*
voir Théodore

Kepa *grec*
caillou

Kerbasi *basque*
guerrier

Kéres *hongrois*
voir Christian

Kermane *basque*
voir Germain

Kerrien *celte*
bois 5 NOV.

Kerstan *néerlandais*
voir Christian

Kesari *italien*
voir César

Ketil *scandinave*
chaudron des dieux

Kéven
voir Coemgen

Kévin
voir Coemgen

Kevork *arménien*
voir Georges

Keyne *celte*
beau 8 OCT.

Khaled *arabe*
impérissable

Khalid
voir Khaled

Khalil *arabe*
ami

Khapril *arménien*
voir Gabriel

Kharilaos *grec*
voir Charles

Khoria *grec*
resplendissant 23 FÉV.

Khristo *bulgare*
voir Christian

Kibe *amérindien*
oiseau de nuit

Kieran
voir Ciaran

Killien
voir Killian

Killian *celte*
attaque du guerrier 13 NOV.

Kim *anglais*
commandeur *(prénom mixte)*

Kimo *hawaïen*
voir Jacques

Kimokeo *hawaïen*
voir Timothée

Kimon *bulgare/grec*
voir Simon

Kindin *basque*
voir Quentin

Kireg
voir Guirec

Kiril *bulgare*
voir Cyril

Kirsan *grec*
roux 1er AVR.

Kirsten *suédois*
voir Christian

Kiva
voir Akiva

Kjeld
voir Ketil

Klas *suédois*
voir Nicolas

Klaas *germanique*
voir Nicolas

Klaoda *breton*
voir Claude

Klaus *germanique*
voir Nicolas

Klavdii *russe*
voir Claude

Klearkos *grec*
voir Clair

Kléber *germanique*
maçon

Klemenis *grec*
voir Clément

Klemens *suédois*
voir Clément

Kler
voir Clair

Kliment *basque/russe*
voir Clément

Klotar *scandinave*
voir Clotaire

Knud *danois*
voir Canut

Knut
voir Canut

Kobe *néerlandais*
voir Jacob

Kolbjörn *suédois*
ours noir

Kolia *russe*
voir Nicolas

Kolya *russe*
voir Nicolas

Koma *hawaïen*
voir Thomas

Konan
voir Koneg

Koneg *celte*
guerrier **7 SEPT.**

Kongal *celte*
brave guerrier **28 SEPT.**

Kongar
voir Kongal

Konni *finlandais*
voir Conrad

Konogan
voir Gwenegan

Konrad *hongrois*
voir Conrad

Konstantin *suédois*
voir Constantin

Konstantinas *lituanien*
voir Constantin

Konstanz *germanique*
voir Constantin

Konval *celte*
valeureux guerrier **10 SEPT.**

Konvoion *celte*
guerrier **5 JANV.**

Kornel *hongrois/polonais*
voir Corneille

Korneli *basque*
voir Corneille

Kornell *breton*
voir Corneille

Kornilii *russe*
voir Corneille

Korvaz *celte*
ami des fleurs **18 MARS**

Kosmas *grec*
voir Côme

Kosmy *polonais*
voir Côme

Kosta *grec*
voir Constantin

Kôstadin *albanais*
voir Constantin

Kostantin *russe*
voir Constantin

Kostas *grec*
voir Constantin

Kostja *slave*
voir Constantin

Koulban
voir Colomban

Kouled
voir Colomban

Koulizh
voir Colomban

Koulm
voir Colomban

Koulman *breton*
voir Colomban

Kouprian *russe*
voir Cyprien

Koxe *basque*
voir Joseph

Krikor *arménien*
voir Grégoire

Krisanto *grec*
bourgeon

Krischan *germanique*
voir Christian

Kristafor *arménien*
voir Christophe

Kristen
(prénom mixte) voir Christian

Krister *suédois*
voir Christian

Kristian *norvégien*
voir Christian

Kristo *bulgare*
voir Christian

Kristof *hongrois*
voir Christophe

Kristofer *suédois*
voir Christophe

Kristos *grec*
voir Christian

Kristophor *scandinave*
voir Christophe

Kristophoros *grec*
voir Christophe

Kristupas *lituanien*
voir Christophe

Krystiyan *ukrainien*
voir Christian

Krzysztof *polonais*
voir Christophe

Kuiril *basque*
voir Cyril

Kunrad *tchèque*
voir Conrad

Kurt
voir Conrad

Kuruk *amérindien*
ours

Kutini *albanais*
voir Augustin

Kwam *amérindien*
voir Jean

Kyle *gaélique*
beau

Kyril *russe*
voir Cyril

Kyrill *breton*
voir Cyril

Kyrillos *grec*
voir Cyril

Kyros *grec*
voir Cyril

Prénoms de rois

Originaux et rarissimes ou classiques et courants, voici un tour d'horizon des prénoms royaux.

- Chez les Mérovingiens, Thierry, Clovis et Clotaire furent portés par quatre monarques, Childebert, par trois, Childéric, Chilpéric, Dagobert et Théodebert par deux. Suivent : Clodion, Mérovée, Clodomir, Théodebald, Caribert, Gontran, Sigebert et Caribert.

- Chez les Carolingiens et les Capétiens, les Louis sont les plus nombreux : Louis Ier le Débonnaire, Louis II le Bègue, Louis III, Louis IV d'Outremer, Louis V le Fainéant, Louis VI le Gros, Louis VII le Jeune, Louis VIII le Lion, Louis IX appelé saint Louis par la postérité, Louis X le Hutin, Louis l'Araigne, Louis XII l'Ami du peuple, Louis XIII le Juste, Louis XIV le Roi-Soleil, Louis XV le Bien-Aimé, Louis XVI le roi martyr, Louis XVII, Louis XVIII.

- Viennent ensuite les Charles : Charles Ier le Grand, plus connu sous le nom de Charlemagne, Charles II le Chauve, Charles III le Gros, Charles IV le Bel, Charles V le Sage, Charles VI le Fou, Charles VII le Victorieux, Charles VIII l'Affable, Charles IX et Charles X à qui l'Histoire n'a pas attribué de qualificatif.

- Puis les Philippe, Philippe Ier, Philippe II dit l'Auguste, Philippe III le Hardi, Philippe IV le Bel, Philippe V le Long, Philippe VI de Valois.

- Et enfin quatre Henri, deux Jean, Jean le Posthume et Jean le Bon, deux Robert, deux Hugues et deux Carloman, un Lothaire, un Pépin.

L

Laban *hébraïque*
blanc

Labérian
voir Lambert

Lahhras *irlandais*
voir Laurent

Labib *arabe*
intelligent

Lachlan *écossais*
terre du lac

Ladislas
voir Vladislas

Ladislaus *slave*
voir Ladislas

Laël *hébraïque*
à Dieu

Laelien *latin*
voir Laetus

Laetus *latin*
joie **6 SEPT.**

Lahcen *arabe*
excellent

Lahmi *hébraïque*
guerrier

Laïch *hébraïque*
lion

Laïg *breton*
voir Gaël

Lajos *hongrois*
voir Louis

Lakhdar *arabe*
verdoyant

Lamain
voir Salomon

Lambert *germanique*
grande terre **17 SEPT.**

Lambrecht *germanique*
voir Lambert

Lame
voir Lambert

Lamri *arabe*
prospère

Lancelin
voir Lancelot

Lancelot *français*
patronymique 8 NOV.

Landelin *germanique*
douce terre 15 JUIN

Lander *basque*
voir Léon

Landoald *germanique*
vieille terre 19 MARS

Landolf
voir Landulphe

Landon *germanique*
pays 1ER NOV.

Landry *germanique*
puissante terre 10 JUIN

Landulphe *germanique*
pays de loup 18 AOÛT

Lanfranc *germanique*
pays franc 28 MAI

Lani *polynésien*
ciel

Lantier
voir Léandre

Lantzalot *basque*
voir Lancelot

Lanzarote *espagnol*
voir Lancelot

Laorans *breton*
voir Laurent

Laouenan *celte*
gai 23 JANV.

Larbi *arabe*
le bédouin

Lari *basque*
voir Lazare

Larry *anglo-saxon*
voir Laurent

Lars *danois*
voir Laurent

Lasairian *irlandais*
flammes 18 AVR.

Lasse *finlandais*
victoire du peuple

Lasselin
voir Landelin

Laszlo *hongrois*
voir Vladislas

Lateef *arabe*
agréable

Latif *arabe*
courtois

Laud *latin*
celui qui loue 22 SEPT.

Laumer *germanique*
illustre 19 JANV.

Laurencho *portugais*
voir Laurent

Laurens *provençal*
voir Laurent

Laurent *latin*
laurier **10 AOÛT**

Laurentin
voir Laurent

Laurentios *grec*
voir Laurent

Laurentxu *basque*
voir Laurent

Laurentzi *basque*
voir Laurent

Lauri *finlandais*
voir Laurent

Laurie
voir Laurent

Lauris *néerlandais*
voir Laurent

Lauritz *danois*
voir Laurent

Lavan
voir Laouenan

Lavi *hawaïen*
voir Léon

Lavrens *croate*
voir Laurent

Lavrenti *russe*
voir Laurent

Lawrence *anglo-saxon*
voir Laurent

Lazare *hébraïque*
Dieu a soutenu **23 FÉV.**

Lazaro *espagnol*
voir Lazare

Lazarus *germanique*
voir Lazare

Lazzaro *italien*
voir Lazare

Leander *anglo-saxon*
voir Léandre

Léandre *grec*
homme **27 FÉV.**

Léandro *espagnol*
voir Léandre

Lee *anglais*
homme de la prairie

Léger *germanique*
lance du peuple **2 OCT.**

Lehen *basque*
premier

Leif *norvégien*
descendant **9 OCT.**

Lenci *hongrois*
voir Laurent

Lennart *scandinave*
dur comme un lion

Lenny *(diminutif)*
voir Léonard

Leny *(diminutif)*
voir Léonard

Léo *(diminutif)*
voir Léon

Léobald
voir Liébaut

Léobon *latin*
bon lion 13 OCT.

Léocade *grec*
de l'île de Leukada 23 NOV.

Léocadiu *corse*
voir Léocade

Léon *latin*
lion 10 NOV.

Léonard *latin*
lion fort 26 NOV.

Léonardo *espagnol/italien/portugais*
voir Léonard

Léonce *latin*
lion 18 JUIN

Leone *italien*
voir Léon

Leonhard *germanique*
voir Léonard

Leonid *russe*
voir Léon

Léonidas *grec*
vaillant 28 JANV.

Léonien
voir Léon

Léonilde *germanique*
combat du peuple 22 AVR.

Léopold *germanique*
peuple courageux 15 NOV.

Léothade *germanique*
peuple fort 23 SEPT.

Léovigild *latin*
lion éveillé 21 AOÛT

Léry *celte*
grand chef 30 SEPT.

Lesharo *amérindien*
chef

Leu
voir Loup

Leubais *germanique*
peuple hardi 27 JUIL.

Leucone *germanique*
peuple brave 1er AVR.

Leufroy *germanique*
paix du peuple 21 JUIN

Leuri *germanique*
peuple puissant 24 SEPT.

Lev *russe*
voir Léon

Lévi *hébraïque*
attaché

Lévin
voir Liévin

Levka *russe*
voir Léon

Lewis *anglo-saxon*
voir Louis

Liam *irlandais*
voir Guillaume

Liami *hébraïque*
le peuple pour moi

Libence *latin*
offrande **4 JANV.**

Libéral *latin*
généreux **21 NOV.**

Libérat
voir Libéral

Libère
voir Libert

Libert *latin*
libre **23 JUIN**

Liboire
voir Libence

Lidoire *latin*
jeux **13 SEPT.**

Liébaut *germanique*
peuple courageux **8 AOÛT**

Liébert
voir Libert

Liénard
voir Léonard

Liévin *germanique*
peuple ami **12 NOV.**

Ligier
voir Léger

Likeke *hawaïen*
voir Richard

Lilian *latin*
lys *(prénom mixte)* **27 JUIL.**

Lin *grec*
lin **23 SEPT.**

Lindsay *anglais*
champ de tilleuls *(prénom mixte)*

Lino *italien*
voir Lin

Lionel
voir Léon

Liova *russe*
voir Loup

Liphar *germanique*
peuple fort **3 JUIN**

Lipot *hongrois*
voir Léopold

Liuz *polonais*
voir Luc

Livio *latin*
de la famille Livius

Lizier *franc*
barrière **11 NOV.**

Liewlyn *gallois*
des dieux Lug et Belenos **7 AVR.**

Liorens *catalan*
voir Laurent

Lloyd *gallois*
aux cheveux gris

Lo
voir Laud

Loan
voir Elouan

Lodewijk *néerlandais*
voir Louis

Loeiz *breton*
voir Louis

Loek *néerlandais*
voir Louis

Logan
voir Loman

Lohier *germanique*
gloire de l'armée **15 JUIN**

Lohobi *basque*
voir Louis

Loïc *breton*
voir Louis

Loïg *breton*
voir Louis

Loïs
voir Louis

Lokela *hawaïen*
voir Roger

Loman *celte*
pensée **17 FÉV.**

Lomer
voir Laumer

Lon *basque*
voir Léon

Lonan *irlandais*
petit merle **22 JANV.**

Longin *grec*
lance **16 OCT.**

Lootah *amérindien Sioux*
rouge

Lopaka *hawaïen*
voir Robert

Lope *espagnol*
voir Loup

Lopeko *basque*
voir Loup

Lopolda *basque*
voir Léopold

Lorand *hongrois*
voir Laurent

Lorant *hongrois*
voir Laurent

Lorcan *gaélique*
féroce **14 NOV.**

Loreca *hongrois*
voir Laurent

Lorenço *portugais*
voir Laurent

Lorencz *hongrois*
voir Laurent

Lorens *danois*
voir Laurent

Lorentz *germanique*
voir Laurent

Lorenzo *espagnol/italien*
voir Laurent

Lorin *anglo-saxon*
voir Laurent

Lörinc *hongrois*
voir Laurent

Loris *néerlandais*
voir Laurent

Loritz *danois*
voir Laurent

Lotario *italien*
voir Clotaire

Loth *hébraïque*
juste

Lothain *germanique*
gloire de Ans 1er NOV.

Lothaire
voir Clotaire

Lothar *germanique*
voir Clotaire

Lotz *germanique*
voir Louis

Louan
voir Elouan

Louen
voir Elouan

Louis *germanique*
glorieux combattant 25 AOÛT

Louison
(prénom mixte) voir Louis

Louka *russe*
voir Luc

Loukas *grec*
voir Luc

Loukianos *grec*
voir Lucas

Lounès *arabe*
voir André

Loup *latin*
loup 25 OCT.

Louthiern
voir Louziern

Louvent
voir Loup

Louziern *celte*
lumière du chef 28 AVR.

Lovis
voir Louis

Loys
voir Louis

Lubin *germanique*
amour 14 SEPT.

Luc *latin*
lumière 18 OCT.

Lucain
voir Luc

Lucas
voir Luc

Luchino *italien*
voir Luc

Lucky *anglais*
chanceux

Lucian *occitan*
voir Lucien

Luciano *italien*
voir Lucien

Lucien *latin*
lumière 8 JANV.

Lucillien *latin*
pure lumière 3 JUIN

Lucinien
voir Lucien

Lucio *italien*
voir Luc

Ludek *tchèque*
voir Louis

Ludéric *flamand*
glorieux et puissant

Ludger *germanique*
gloire et lance 19 AVR.

Ludolf
voir Ludolphe

Ludolphe *germanique*
gloire du loup 27 MARS

TOP 10 2008

Lucas

Si Luc a toujours été discret, Lucas, au contraire, connaît un succès fulgurant depuis 1990. Cette variante de Luc s'inspire du Luca italien.

D'origine latine, Luc signifie « lumière » tout comme Lucie qui connaît aussi une belle carrière. On fête Lucas avec Luc le 18 octobre. Saint Luc, médecin à Antioche en Syrie au début du premier siècle, fut converti par saint Paul et l'accompagna dans ses voyages avant de s'établir pour rédiger les Actes des Apôtres.

Ludomir *slave*
peuple

Ludovi *provençal*
voir Louis

Ludovic
voir Louis

Ludovico *italien*
voir Louis

Ludoslaw *polonais*
amour de la gloire

Ludre *latin*
joueur **16 NOV.**

Ludwig *germanique*
voir Louis

Lughan *irlandais*
du dieu Lug

Luigi *italien*
voir Louis

Luigino *italien*
voir Louis

Luigji *albanais*
voir Louis

Luis *espagnol/portugais*
voir Louis

Luix *basque*
voir Louis

Lukacs *hongrois*
voir Luc

Luke *anglais*
voir Luc

Luken *basque*
voir Luc

Lukene *basque*
voir Luc

Lukyan *russe*
voir Luc

Lunaire
voir Luner

Lundulphe *germanique*
ami et loup **6 MAI**

Luner *celte*
image **2 JUIL.**

Lupicin *latin*
cendre du loup **21 MARS**

Lupin *latin*
nom de la plante

Luther
voir Clotaire

Lycomède *grec*
clair **2 OCT.**

Lysander *anglo-saxon*
voir Lysandre

Lysandre *grec*
libérateur

Lysiniaque *grec*
qui ôte les soucis **10 MARS**

Prénoms médiévaux

L'histoire de France est une bonne source d'inspiration pour les futurs parents. De toutes ces époques, c'est le Moyen Âge qui a la meilleure cote.

Au hit-parade :

- Amaury
- Ambroise
- Arnaud
- Arthur
- Aymeric
- Béranger
- Enguerrand
- Gaucher
- Gautier
- Godefroy
- Grégoire
- Guillaume
- Renaud
- Tanneguy
- Thibault

M

Maamar *arabe*
florissant

Maarteen *néerlandais*
voir Martin

Mabel
voir Aimable

Mabrouk
voir Moubarak

Macaire *grec*
bienheureux **15 JANV.**

Machan *écossais*
ours **28 SEPT.**

Machar *écossais*
grand **12 NOV.**

Maclou
voir Malo

Macrobe *grec*
grand **16 FÉV.**

Madalvé *germanique*
vieille force **4 OCT.**

Madeg *celte*
bon **23 FÉV.**

Madelgaire
voir Mauger

Madoc
voir Madeg

Maël *celte*
prince **13 MAI**

Maerten *néerlandais*
voir Martin

Maglo *celte*
prince **24 OCT.**

Magloire
voir Maglo

Maglore
voir Maglo

Magnance *latin*
grand **26 NOV.**

Magnar *norvégien*
guerrier fort

Magne *latin*
grand **16 AVR.**

Magnhild *suédois*
guerrier fort

Magneric *germanique*
roi fort **25 JUIL.**

Magnoald *germanique*
ancienne force **6 SEPT.**

Magnus *scandinave*
force

Mahé *breton*
voir Matthieu

Mahlon *hébraïque*
malade

Mahmoud *arabe*
comblé de louanges

Mahkah *amérindien Sioux*
terre

Mahpee *amérindien Sioux*
ciel

Maimbaud *germanique*
force audacieuse **23 JANV.**

Maime *provençal*
voir Maxime

Maire
voir Marius

Mairtin *irlandais*
voir Martin

Maïru *basque*
sombre

Maitias *irlandais*
voir Matthias

Maitin *basque*
aimé

Maitiu *irlandais*
voir Matthieu

Maixent
voir Maxime

Makar *grec*
qui porte l'épée **6 DÉC.**

Makarios *grec*
voir Macaire

Makaio *hawaïen*
voir Matthieu

Makani *hawaïen*
vent

Makis *grec*
voir Michel

Maksim *russe*
voir Maxime

Maksym *polonais*
voir Maxime

Makya *amérindien*
chasseur d'aigles

Malachie *hébraïque*
messager **3 NOV.**

Malchus *hébraïque*
roi **27 JUIL.**

Malcolm *écossais*
gage lumineux **9 JUIN**

Maleaume
voir Malo

Malek
voir Malik

Maleko *hawaïen*
voir Marc

Malik *arabe*
roi

Mallaury
(prénom mixte) voir Malo

Mallien
voir Malo

Malo *celte*
gage lumineux **15 NOV.**

Malvin
voir Melvin

Mamert *latin*
du dieu Mars **11 MAI**

Mammès *latin*
sein **17 AOÛT**

Mana *polynésien*
pouvoir

Manahen *hébraïque*
consolateur **20 AVR.**

Manassé *hébraïque*
qui fait oublier **20 AVR.**

Mandé
voir Maudez

Mandek *polonais*
voir Armand

Mandus *néerlandais*
voir Armand

Manfred *germanique*
homme de paix **15 NOV.**

Manjek *slave*
voir Marc

Manoah *hébraïque*
repos

Manol *bulgare*
voir Emmanuel

Manoli *arménien*
voir Emmanuel

Manolo *espagnol*
voir Emmanuel

Mansour *arabe*
vainqueur

Manuarii *polynésien*
oiseau royal

Manuel
voir Emmanuel

Manutea *polynésien*
oiseau blanc

Maoc *celte*
réjoui **2 NOV.**

Maodan
voir Maudan

Maodez
voir Maudan

Marc *latin*
marteau 25 AVR.

Marcan *latin*
marteau 22 MAI

Marceau
voir Marc

Marcel *latin*
marteau 16 JANV.

Marcelli *latin*
marteau 6 AVR.

Marcello *italien*
voir Marcel

Marcelo *portugais*
voir Marcel

Marci *hongrois*
voir Martin

Marcilka *hongrois*
voir Martin

Marcilki *hongrois*
voir Martin

Marcian
voir Marcel

Marciano *italien*
voir Marcel

Marcien
voir Marc

Marcin *slave*
voir Marc

Marco *espagnol/italien*
voir Marc

Marcouf
voir Marcoul

Marcoul *germanique*
limite du loup 1er MAI

Marcos *portugais*
voir Marc

Marcus *germanique*
voir Marc

Marek *polonais*
voir Marc

Maren *basque*
voir Marin

Marian *hébraïque*
goutte d'océan 3 NOV.

Mariano *italien*
voir Marian

Marien *latin*
mer 20 AVR.

Marin *latin*
mer 3 MARS

Marino *italien*
voir Marin

Mario *italien/portugais*
voir Marius

Marius *latin*
patronymique **19 JANV.**

Mark *anglo-saxon*
voir Marc

Markar *arménien*
voir Macaire

Markel *basque*
voir Marcel

Markos *grec/hongrois*
voir Marc

Markus *germanique*
voir Marc

Markvart *franc*
protecteur des frontières

Marole *germanique*
illustre et ancien **23 AVR.**

Mars *latin*
guerrier **5 JUIL.**

Marsile *latin*
de Mars **13 AVR.**

Marsilie
voir Marsile

Martainn *gaélique*
voir Martin

Marten *germanique*
voir Martin

Martial *latin*
guerrier **30 JUIN**

Martii *finlandais*
voir Martin

Martin *latin*
guerrier **11 NOV.**

Martinien *latin*
guerrier **2 JUIL.**

Martino *italien/espagnol*
voir Martin

Marton *hongrois*
voir Martin

Martory *grec*
témoin **29 MAI**

Martyn *russe*
voir Martin

Maska *amérindien*
puissant

Mathis *grecque*
voir Matthias

Mathurin *latin*
mûr

Matoska *amérindien Sioux*
ours blanc

Mattai *basque*
voir Matthieu

Matteo *italien*
voir Matthieu

TOP 10 2008

Mathis

À côté de Mattéo, voici Mathis, forme grecque de Matthias. Ce prénom, qui s'orthographie parfois Matthis ou Matis, est apparu en France en 2000.

Variante de Mathieu, Matthias signifie, lui aussi, « don de Dieu ».

Mathis est fêté avec Matthias le 14 mai. Saint Matthias, issu d'une famille illustre, naquit à Bethléem trois ans après Jésus. Invité aux noces de Cana, il fut repéré par le Christ qui l'accueillit au nombre des ses apôtres pour remplacer Judas.

TOP 10 2008

Mattéo

Ce prénom est au top, sous toutes ses formes orthographiques : Mattéo à l'ancienne, Matéo à l'espagnole, Mathéo ou encore Matthéo.

Les uns et les autres sont issus de Mathieu, ou Matthieu, prénom d'origine hébraïque, qui signifie « don ». Ce prénom très classique connut d'ailleurs lui-même un grand succès dans les années 1980.

On fête Mattéo avec Matthieu le 21 septembre. Selon la Bible, Matthieu était douanier en Galilée, au début du premier siècle, lorsque Jésus lui demanda de le suivre. Apôtre, il fut le premier évangéliste.

Mattes *germanique*

voir Mathieu

Matteus *scandinave*

voir Matthieu

Matthew *anglo-saxon*

voir Matthieu

Matthews *danois*

voir Matthieu

Matthias *hébraïque*
don 14 MAI

Matthieu *hébraïque*
don 21 SEPT.

Matti *finlandais*
voir Matthieu

Maturinu *corse*
voir Mathurin

Matveï *russe*
voir Matthieu

Matvey *russe*
voir Matthieu

Matviy *ukrainien*
voir Matthieu

Matxin *basque*
voir Martin

Matyas *hongrois*
voir Matthias

Matz *germanique*
voir Matthieu

Maudan *celte*
jeune feu 14 SEPT.

Maudet
voir Maudez

Maudez *celte*
bon 18 NOV.

Maugan *celte*
jeune homme 26 SEPT.

Mauger *germanique*
lance de Madel 14 JUIL.

Maughold *germanique*
ancienne force 27 AVR.

Maulde
voir Maudez

Maur *latin*
maure 15 JANV.

Maurice *latin*
maure 22 SEPT.

Mauricio *portugais*
voir Maurice

Maurille *latin*
maure 9 AOÛT

Maurillon *latin*
maure 3 SEPT.

Maurin *latin*
maure 25 NOV.

Mauritz *germanique/suédois*
voir Maurice

Maurizio *italien*
voir Maurice

Mavel *auvergnat*
voir Mavil

Mavil *latin*
aimable 11 MAI

Mavis
voir Mavil

Max *(diminutif)*
voir Maxime

Maxence *latin*
le plus grand 20 NOV.

Maxime *latin*
le plus grand 26 JUIN

Maximien
voir Maxime

Maximilian
voir Maximilien

Maximilien *latin*
le plus grand 12 MARS

Maximin
voir Maxime

Mayeul *latin*
mai 11 MAI

Mayol
voir Mayeul

Mazhé *breton*
voir Matthieu

Mazhev *breton*
voir Matthieu

Médard *germanique*
gouverneur 8 JUIN

Médéric
voir Merri

Méen *celte*
jeune homme 21 JUIN

Mehdi *arabe*
qui est mené

Méheuc
voir Mayeul

Méïer
voir Meyer

Meilseoir *irlandais*
voir Melchior

Méimoun *arabe*
fortuné

Meinrad *germanique*
force et conseil 21 JANV.

Mekhitar *arménien*
consolateur

Mel *celte*
prince 6 FÉV.

Mélaine *grec*
noir *(prénom mixte)* 6 JANV.

Mélaire
voir Mélar

Melan
voir Mélaine

Melar *celte*
prince 2 OCT.

Melcher *suédois*
voir Melchior

Melchiade *hébraïque*
roi 10 DÉC.

Melchior *hébraïque*
roi 6 JANV.

Mélèce *latin*
miel 12 FÉV.

Melen
voir Mélaine

Meli *polynésien*
voir Emile

Méliton *latin*
doux comme le miel **10 MARS**

Mellis *néerlandais*
voir Emile

Méloar *celte*
chef **2 OCT.**

Melvin *celte*
prince **6 FÉV.**

Melvyn
voir Melvin

Ménahem *hébraïque*
consolateur

Ménandre *grec*
homme lune **19 MAI**

Ménas *grec*
lune **11 NOV.**

Mendel *néerlandais*
voir Emmanuel

Ménélas *grec*
lune et peuple

Menou *celte*
puissant **19 JUIL.**

Merce *latin*
salaire **12 JANV.**

Méred *hébraïque*
révolté

Mérédith *gallois*
grand seigneur

Mériadec *celte*
fils de Marie **7 JUIN**

Mériadeg
voir Mériadec

Meric
voir Merri

Merri *germanique*
roi courageux **29 AOÛT**

Mérul *latin*
merle **17 JANV.**

Mesmin
voir Maxime

Messaoud *arabe*
comblé

Méthode *grec*
voie suivante **18 SEPT.**

Méven
voir Méen

Mewan
voir Méen

Meyer *hébraïque*
illuminé

Mezadur *arménien*
riche

Micha *polonais/russe*
voir Michel

Michaël
voir Michel

Michaelis *grec*
voir Michaël

Michal *polonais/tchèque*
voir Michel

Michée
voir Michel

Michel *hébraïque*
comme Dieu **29 SEPT.**

Michelangelo *italien*
voir Michel

Michele *italien*
voir Michel

Mick *anglo-saxon*
voir Michel

Mickey *américain*
voir Michel

Mieg *alsacien*
voir Rémi

Miguel *espagnol/portugais*
voir Michel

Mihai *roumain*
voir Michel

Mihail *bulgare/roumain*
voir Michel

Mihajlo *croate*
voir Michel

Mihal *albanais*
voir Michel

Mika *finlandais*
voir Michel

Mihaly *hongrois*
voir Michel

Mikaël
voir Michel

Mikhaïl *russe*
voir Michel

Mikkel *norvégien*
voir Michel

Mikko *finlandais*
voir Michel

Mikla *croate*
voir Nicolas

Miklos *hongrois*
voir Nicolas

Mikolaj *polonais*
voir Nicolas

Mikolos *basque*
voir Nicolas

Miksa *hongrois*
voir Maxime

Milan *slave*
victoire

Milanos *grec*
voir Milan

Milcent *germanique*
généreux chien

Milig *breton*
voir Emile

Milio *celte*
soldat **24 JUIL.**

Milliau
voir Milio

Milo *provençal*
voir Emile

Milon
voir Emile

Milos *slave*
agréable

Miloslav *tchèque*
amour de la paix

Miloud *arabe*
refuge

Milovan *slave*
bien aimé

Miquel *catalan/provençal*
voir Michel

Mircea *roumain*
voir Marcel

Miroslav *tchèque*
paix

Misha *slave*
voir Michel

Miska *hongrois*
voir Michel

Mitros *grec*
voir Démétrien

Mitja *slave*
voir Dimitri

Mitsos *grec*
voir Démétrius

Moana *polynésien*
océan profond

Modan
voir Maudan

Modeste *latin*
modeste *(prénom mixte)* **24 FÉV.**

Mohammed *arabe*
digne de louanges

Moïse *hébraïque*
sorti des eaux

Moïses *portugais*
voir Moïse

Moïseï *russe*
voir Moïse

Moïsseï *russe*
voir Moïse

Mokhtar *arabe*
élu

Montgomery *anglais*
de la montagne
de l'homme riche

Monon *latin*
seul 18 OCT.

Moran *celte*
homme de la mer 20 JUIL.

Moravan *breton*
voir Maurice

Mordiern *celte*
chef de mer 25 MARS

Morgad *celte*
combat en mer

Morgain
voir Morgan

Morgan *celte*
enfant de la mer 13 JUIL.

Moricz *hongrois*
voir Maurice

Moris *grec*
voir Maurice

Moritz *germanique/islandais*
voir Maurice

Morkedhaï *hébraïque*
honorable

Morris
voir Maurice

Morten *danois/norvégien*
voir Martin

Mortimer *anglo-saxon*
voir Maur

Morvan *celte*
homme de la mer 22 OCT.

Moses *anglo-saxon*
voir Moïse

Moshé *hébraïque*
voir Moïse

Moubarak *arabe*
béni

Moulay *arabe*
maître

Mouloud *arabe*
enfant

Moumen *arabe*
serviteur de Dieu

Mounès *arabe*
l'homme

Mounir *arabe*
radieux

Mourad *arabe*
désiré

Moussa *arabe*
voir Moïse

Mozes *hongrois*
voir Moïse

Mucien *latin*
muet 22 AVR.

Muhammad *arabe*
le loué

Muktar *arabe*
choisi

Murchadh *irlandais*
voir Morgan

Murdoch *écossais*
voir Morgad

Murray *gaélique*
mer **23 MARS**

Murrough *anglais*
voir Morgad

Murry *irlandais*
seigneur de la mer

Musse *hébraïque*
voir Moïse

Mustapha *arabe*
élu

Mutien
voir Mucien

Bébés de stars

- Alexandre chez Mélanie Griffith
- Angelo chez Isabelle Huppert
- Ascot chez Mazarine Pingeot
- Brooklyn, Cruz et Roméo chez David et Victoria Beckham
- Cameron chez David Hallyday
- Caspar chez Claudia Schiffer
- Colin chez Tom Hanks
- Connor chez Tom Cruise
- David chez Florent Pagny
- Dylan chez Pamela Anderson
- Elliot chez Robert de Niro
- Elvis chez Roman Polanski
- Enzo chez Patricia Arquette
- Félix et Martin chez Victoria Abril
- Gabriel Kane chez Isabelle Adjani
- Gaston chez Thierry Ardisson
- Igor chez Lio
- Jack chez Vanessa Paradis et Johnny Depp
- Jean chez Jean-Luc Delarue

Joe et Liam chez Kevin Costner

- Justin chez Andie Mc Dowell
- Kyle chez Clint Eastwood
- Lenny chez Fabien Barthez
- Léon et Oscar chez Patrick Bruel
- Lucas chez Mick Jagger
- Lucas, Théo, Enzo et Elyaz chez Zinedine Zidane
- Mathis chez Joey Starr
- Matteo chez David Douillet
- Milo chez Mel Gibson
- Noé chez Gad Elmaleh
- Owen chez Stephen King
- Prince Michael chez Michael Jackson
- Quentin chez Ben Stiller
- Raphaël chez Juliette Binoche

Rocco chez Madonna

- Simon chez Marc Lavoine
- Tom chez Bruno Solo

Naamas *hébraïque*
aimable **3 NOV.**

Nabil *arabe*
méritant

Nacer *arabe*
sauveur

Nadal *catalan/provençal*
voir Noël

Nadalet
voir Noël

Nadau *catalan/provençal*
voir Noël

Nadim *arabe*
ami

Nafanaïl *russe*
voir Nathan

Nahum
voir Naoum

Naïm *arabe*
doux

Nalbert
voir Norbert

Namase
voir Naamas

Nander *néerlandais*
voir Ferdinand

Nandor *hongrois*
voir Ferdinand

Naoum *hébraïque*
consolateur **1ER DÉC.**

Napoléon
voir Néopole

Narcès *grec*
torpeur **10 NOV.**

Narcisse *grec*
torpeur **29 OCT.**

Narkis *basque*
voir Narcisse

Narkiz *arménien*
voir Narcisse

Nashoba *amérindien*
loup

Nasser
voir Nacer

Nassim *arabe*
zéphyr

Nathan *hébraïque*
Dieu a donné — 24 AOÛT

Nathanaël
voir Nathan

Nazaire *hébraïque*
consacré — 28 JUIL.

Nazarii *russe*
voir Nazaire

Nazor *grec*
couronné — 17 JUIN

Neal
voir Niel

Néarque *grec*
nouveau chef — 22 AVR.

Nectaire *grec*
nectar — 9 DÉC.

Ned *(diminutif)*
voir Edouard

Nedelec *breton*
voir Noël

Nedeleg *breton*
voir Noël

Nedim *arabe*
beau parleur

Néhémie *hébraïque*
Dieu console — 11 SEPT.

Neil *celte*
voir Niel

Nelson *anglais*
fils de Niel

Nemrod *hébraïque*
audacieux

Néopole *grec*
ville nouvelle — 2 MAI

TOP 10 2003

Nathan

Prénom biblique, traditionnel dans les familles pratiquantes ou aux États-Unis, il est en vogue en France depuis 2000.

Il signifie « Dieu a donné ». Nathan fut prophète à la cour de David, en Israël au xe siècle avant J.-C. Il reprocha au roi d'avoir tué le mari de Bethsabée pour pouvoir l'épouser, et annonça la naissance du Christ.

On fête Nathan le 7 mars.

Nephtali *hébraïque*
qui lutte

Népomucène *slave*
de Nepomuck

Népotien *grec*
neveu 22 OCT.

Nérée *grec*
patronymique

Nersès
voir Narcisse

Nestor *grec*
patronymique 26 FÉV.

Nethelm *germanique*
brave protection 8 JANV.

Neven
voir Nevenoe

Nevenoe *celte*
nouveau 7 MARS

Nevenou
voir Nevenoe

Néventer *celte*
roi du ciel 7 MAI

Nextor *basque*
voir Nestor

Niall
voir Neil

Niallan
voir Niel

Nicaise *grec*
victorieux 14 DÉC.

Nicandre *grec*
victoire virile 7 NOV.

Nicanor *grec*
victoire virile 28 JUIL.

Niccolo *italien*
voir Nicolas

Nicéphore *grec*
qui porte la victoire 13 MARS

Nicet *grec*
victoire 7 JANV.

Nicholas *anglo-saxon*
voir Nicolas

Nichols *anglo-saxon*
voir Nicolas

Nick *(diminutif)*
voir Nicolas

Nicklas *suédois*
voir Nicolas

Niclaus *germanique*
voir Nicolas

Nicodème *grec*
vainqueur 15 SEPT.

Nicodim *roumain*
voir Nicodème

Nicolae *roumain*
voir Nicolas

Nicolaï *russe*
voir Nicolas

Nicolao *portugais*
voir Nicolas

Nicolas *grec*
victoire du peuple **6 DÉC.**

Nicolau *catalan*
voir Nicolas

Nicolaus *danois*
voir Nicolas

Nicomedès *basque*
voir Nicodème

Nicostrate *grec*
victoire armée **8 NOV.**

Nicoulau *provençal*
voir Nicolas

Niel *irlandais*
champion **5 DÉC.**

Nieli *finlandais*
voir Corneille

Niels *danois*
voir Niel

Nigel *écossais*
sombre

Nigouden *breton*
voir Nicomède

Nikanor *russe*
voir Nicolas

Nikita *russe*
(prénom mixte) voir Nicolas

Niklas *scandinave*
voir Nicolas

Niklaus *germanique*
voir Nicolas

Nikogos *arménien*
voir Nicolas

Nikola *basque*
voir Nicolas

Nikolaï *bulgare/russe*
voir Nicolas

Nikolao *hawaïen*
voir Nicolas

Nikolaos *grec*
voir Nicolas

Nikolaz *breton*
voir Nicolas

Nikoll *albanais*
voir Nicolas

Nikos *grec*
voir Nicolas

Niles *celte*
voir Niel

Nilos *grec*
voir Nicolas

Nimara *cambodgien*
évoque la parité

Ninian *celte*
sommet **16 SEPT.**

Nino *italien*
voir Jean

Nioclas *irlandais*
voir Nicolas

Niven *irlandais*
voir Névénoé

Nizier *grec*
victoire **2 AVR.**

Noah
voir Noé

Noal
voir Noël

Noan *celte*
agneau **13 MARS**

Noam
voir Noé

Noé *hébraïque*
consolateur **10 NOV.**

Noël *hébraïque*
Dieu est avec nous **25 DÉC.**

Nohoarii *polynésien*
maison princière

Nolan *gaélique*
célèbre

Nominoé
voir Nevenoe

Norbert *germanique*
grand Nord **6 JUIN**

Norberto *espagnol*
voir Norbert

Nordahl *norvégien*
patronymique

Norman *germanique*
homme du Nord **6 JUIN**

Nouah *arabe*
voir Noé

Nour *arabe*
lumière

Numa *latin*
de Numidie **9 AOÛT**

Numidic
voir Numa

Nuncio *italien*
voir Angel

Nykle *scandinave*
voir Nicolas

Nyle
voir Niel

Nymphas *grec*
patronyme mythologique

TOP 10 2008

Noah

Forme anglaise de Noé, personnage biblique, Noah suit la vogue des nouveaux prénoms anglo-américains se terminant par ah, comme Josuah.

D'origine hébraïque, Noé signifie « repos ». On le fête le 10 novembre. Noé est l'un des héros de la Bible les plus connus. Il serait né 3 000 ans avant notre ère. Sur ordre de Dieu, il construisit une arche pour abriter sa famille et un couple de toutes les espèces animales afin de leur éviter de périr sous le déluge déclenché par Dieu pour punir les hommes de leur corruption. Selon la légende, Noé aurait vécu 950 ans.

Prénoms ou diminutifs

Depuis 2000 la mode est aux prénoms courts, à porter simplement ou en prénoms composés.

- Al, Alex, Sacha pour Alexandre
- Ben pour Benjamin (notez que Ben est aussi un prénom à part entière)
- Dan pour Daniel (Dan étant aussi, comme Ben, un prénom à lui tout seul)
- Léo pour Léon
- Mat pour Mathieu
- Tim pour Timothée
- Théo pour Théophile ou Théodore
- Tom pour Thomas

O

Obeïd *arabe*
serviteur de Dieu

Obadiah
voir Abdias

Oberon
voir Albert

Océan *grec*
du dieu Océan — **2 NOV.**

Octave *latin*
huitième — **20 NOV.**

Octavian
voir Octave

Octavien
voir Octave

Octavio *espagnol/italien*
voir Octave

Odalrik *franc*
puissant par héritage

Odelin
voir Odilon

Oderic
voir Odoric

Odet
voir Odon

Odilard *germanique*
forte richesse — **14 SEPT.**

Odilon *germanique*
richesse — **4 JANV.**

Odin *germanique*
du dieu Odin — **4 JANV.**

Odomar
voir Omer

Odon *germanique*
richesse — **18 NOV.**

Odoric *germanique*
puissante richesse — **14 JANV.**

Odran *celte*
royal — **27 OCT.**

Odulf *germanique*
riche loup

Odwin *germanique*
ami de la richesse — **18 NOV.**

Odysseus *grec*
odyssée

Oger
voir Ogier

Ogier *germanique*
lance et richesse **30 DÉC.**

Ohannès *arménien*
voir Jean

Oier *basque*
voir Ogier

Oihan *basque*
bois

Oilibhear *irlandais*
voir Olivier

Oistin *irlandais*
voir Augustin

Okba *arabe*
récompense

Oktabio *basque*
voir Octave

Oktav *hongrois*
voir Octave

Olaf *danois*
ancêtre

Olav *norvégien*
voir Olaf

Ole
voir Olaf

Oleg *russe*
heureux

Olger
voir Oleg

Oliber *basque*
voir Olivier

Olier *breton*
voir Olivier

Oliver *anglo-saxon*
voir Olivier

Oliverio *portugais*
voir Olivier

Olivier *latin*
olive **12 JUIL.**

Oliviero *italien*
voir Olivier

Olkan *latin*
du dieu Vulcain **20 FÉV.**

Ollier
voir Olivier

Olof *suédois*
voir Olaf

Olrik
voir Odalrik

Oluf
voir Olaf

Olvan *anglais*
voir Olivier

Omar *arabe*
prospère

Omer *germanique*
grande richesse **9 SEPT.**

Onésime *grec*
utile **16 FÉV.**

Onésiphore *grec*
bienveillant **6 SEPT.**

Onias *hébraïque*
grâce de Dieu **24 AOÛT**

Onisim *russe*
voir Onésime

Onorato *italien*
voir Honoré

Ontzalu *basque*
guerre

Onuphre *grec*
qui a des ongles **12 JUIN**

Oraziu *corse*
voir Horace

Orban *hongrois*
voir Urbain

Oreste *latin*
patronyme mythologique

Organ *(diminutif)*
voir Morgan

Orian
voir Aurèle

Oriata *polynésien*
danse des nuages

Orlando *espagnol/italien*
voir Roland

Orolan *basque*
voir Roland

Oronce *grec*
montagne **22 JANV.**

Orséniu *corse*
voir Arsène

Orson *anglo-saxon*
ours

Ortaire *grec*
jardin **15 AVR.**

Ortzi *basque*
voir Fortunat

Osasun *basque*
santé

Osatadar *basque*
arc en ciel

Osbern *scandinave*
ours guerrier

Oscar
voir Anschaire

Osée *hébraïque*
qui a sauvé **4 JUIL.**

Osfrid *scandinave*
protection des dieux

Osgeir *scandinave*
guerrier

Osip *ukrainien*
voir Joseph

Oskar *suédois*
voir Anschaire

Osker *germanique*
voir Anschaire

Osmond
voir Osmund

Osmund *germanique*
protégé du dieu Ans

Ospetsu *basque*
voir Honoré

Ossia *russe*
sauveur 9 SEPT.

Osulf
voir Asulf

Oswald *germanique*
gouverneur 5 AOÛT

Oswin *germanique*
ami de l'Est 21 AOÛT

Oszkar *hongrois*
voir Anschaire

Otacile
voir Othon

Otfrid *germanique*
richesse et paix

Otfried
voir Otfrid

Otger *franc*
héritier à l'épieu

Othon *germanique*
riche peuple 2 JUIL.

Otis *anglo-saxon*
voir Othon

Otmar
voir Omer

Otmund *germanique*
voir Edmond

Ottavian *corse*
voir Octave

Ottaviano *italien*
voir Octave

Ottavio *italien*
voir Octave

Ottaviu *corse*
voir Octave

Otto
voir Othon

Ottokar *germanique*
heureux guerrier

Otton
voir Othon

Otvard *franc*
gardien de l'héritage

Otxando *basque*
voir Loup

Otxoa *basque*
voir Loup

Ouen *latin*
celui qui oint **24 AOÛT**

Oulivié *provençal*
voir Olivier

Oulph
voir Ulphe

Ouri *hébraïque*
la lumière

Ourrias *provençal*
voir Eléazar

Outavian *provençal*
voir Octave

Ovat *hongrois*
voir Oswald

Owen *celte*
agneau

Ozman *arabe*
constance

Ozseb *hongrois*
voir Eusèbe

L'Ancien Testament

Prénoms de tradition par excellence, les prénoms bibliques sont chargés d'histoire et de symbolique. Quelques-uns des prénoms les plus portés :

- Abel
- Abraham
- Adam
- Ariel
- Ben
- Benjamin
- Dan
- Daniel
- David
- Elie
- Élisée
- Emmanuel
- Esaü
- Ezéchiel
- Gabriel
- Gad
- Ilan
- Isaac
- Isaïe
- Jacob
- Jonathan
- Joseph
- Josué
- Moïse
- Nathan
- Noë
- Ruben
- Salomon
- Samson
- Samuel
- Simon
- Zacharie

P

Paaveli *finlandais*
voir Paul

Paavo *finlandais*
voir Paul

Pablito *espagnol*
voir Paul

Pablo *espagnol*
voir Paul

Pacian
voir Pacien

Pacien *latin*
paix **9 MARS**

Pacifique *latin*
pacifique **18 AOÛT**

Paco *espagnol*
voir François

Pacôme *latin*
paix **26 NOV.**

Paddy *irlandais*
voir Patrice

Padern *breton*
voir Paterne

Padraig *irlandais*
voir Patrice

Padreg *irlandais*
voir Patrice

Padrig *breton*
voir Patrice

Paer *breton*
voir Paterne

Pair *latin*
égal au père **16 AVR.**

Pakhomi *grec*
robuste **28 MARS**

Pakelika *hawaïen*
voir Patrice

Pal *hongrois/suédois*
voir Paul

Palais *grec*
patronyme mythologique

Palemon *grec*
patronyme mythologique

Palben *basque*
blond

Palika *hongrois*
voir Paul

Palko *hongrois*
voir Paul

Pammaque *grec*
combat 29 AOÛT

Pamphile *grec*
grand ami 16 FÉV.

Panagiotis *grec*
très heureux

Panayotis
voir Panagiotis

Panchaire *grec*
très réjoui 22 JUIL.

Pancho *espagnol*
voir François

Pancrace *grec*
lutte 3 AVR.

Pankratii *russe*
voir Pancrace

Pankratio *basque*
voir Pancrace

Panos
voir Panagiotis

Pantagathe *grec*
très bon 17 AVR.

Pantcho *bulgare*
voir François

Panteleï *grec*
miséricordieux 9 AOÛT

Pantxoa *basque*
voir François

Paol *breton*
voir Paul

Paolo *italien*
voir Paul

Papoul *latin*
papille 3 NOV.

Papyle
voir Papoul

Paquito *espagnol*
voir François

Parcifal
voir Perceval

Parfait *latin*
parfait 18 AVR.

Parménas *grec*
près de la lune 2 MARS

Parmène
voir Parménas

Parthène *grec*
vierge 7 FÉV.

Pascal *hébraïque*
passage 17 MAI

Pascau *provençal*
voir Pascal

Paschalis *polonais*
voir Pascal

Paskal *basque/breton*
voir Pascal

Pasquale *italien*
voir Pascal

Patern *breton*
voir Paterne

Paterne *latin*
père 15 AVR.

Patrick
voir Patrice

Patrice *latin*
patricien 17 MARS

Patrizio *italien*
voir Patrice

Patrocle *grec*
père 18 NOV.

Pattin *basque*
voir Martin

Patxiko *basque*
voir Patrice

Paul *latin*
fragile 29 JUIN

Paulo *portugais*
voir Paul

Paulien
voir Paul

Paulin *latin*
fragile 11 JANV.

Paulinien
voir Paulin

Paulos *grec*
voir Paul

Pauwels *anglo-saxon*
voir Paul

Pavan *slave*
voir Paul

Pavel *russe*
voir Paul

Pawel *polonais*
voir Paul

Pawl *polonais*
voir Paul

Payton *écossais*
voir Patrice

Peadar *irlandais*
voir Pierre

Pearcy *anglo-saxon*
voir Perceval

Peder *norvégien*
voir Pierre

Pedern *breton*
voir Paterne

Pedro *espagnol/portugais*
voir Pierre

Peeter *néerlandais*
voir Pierre

Peer *sandinave*
voir Pierre

Peidro *basque*
voir Pierre

Peire *provençal*
voir Pierre

Pekka *finlandais*
voir Pierre

Pekelo *hawaïen*
voir Pierre

Pélage *grec*
pleine mer 23 MARS

Peleke *hawaïen*
voir Frédéric

Pello *basque*
voir Pierre

Peni *polynésien*
voir Benjamin

Peniamina *hawaïen*
voir Benjamin

Pentti *finlandais*
voir Benoît

Pépin *latin*
petit 21 FÉV.

Pépito *espagnol*
voir Joseph

Pepo *italien*
voir Joseph

Per *breton*
voir Pierre

Peran *celte*
pierre 6 JANV.

Perceval *celte*
patronymique

Percy *anglo-saxon*
voir Perceval

Pereg *breton*
voir Pierre

Perig *breton*
voir Pierre

Pergat
voir Bergat

Périclès *grec*
très illustre

Perry *anglais*
poirier

Peru *basque*
voir Pierre

Petar *roumain*
voir Pierre

Peter *anglo-saxon*
voir Pierre

Péteri *hongrois*
voir Pierre

Petö *hongrois*
voir Pierre

Petras *lituanien*
voir Pierre

Pétrone *grec*
pierre 10 JANV.

Petroussia *russe*
voir Pierre

Petros *grec*
voir Pierre

Petru *roumain*
voir Pierre

Petur *bulgare*
voir Pierre

Pexo *basque*
voir Pierre

Phélan *gaélique*
loup

Philadelphe *grec*
qui aime son frère 10 MAI

Philarete *grec*
qui aime le meilleur 6 AVR.

Philéas *grec*
qui aime 4 FÉV.

Philémon *grec*
seul ami 22 NOV.

Philibert *grec*
ami illustre 20 AOÛT

Philip *anglo-saxon*
voir Philippe

Philippe *grec*
qui aime les chevaux 3 MAI

Philogone *grec*
qui aime sa génération 4 NOV.

Philotée *grec*
qui aime Dieu 5 NOV.

Phlavian *russe*
voir Flavien

Phocas *grec*
lumière 22 SEPT.

Pholien *grec*
qui vit dans une grotte 31 OCT.

Phorien *(diminutif)*
voir Symphorien

Photin *grec*
lumière 22 SEPT.

Photios *grec*
voir Photin

Piaras *irlandais*
voir Pierre

Pie *latin*
pieux 30 AVR.

Pierce *irlandais*
voir Pierre

Piero *italien*
voir Pierre

Pierre *latin*
pierre 9 DÉC.

Pierrick *breton*
voir Pierre

Pierroun *provençal*
voir Pierre

Piet *germanique*
voir Pierre

Pietari *finlandais*
voir Pierre

Pieter *néerlandais*
voir Pierre

Pietro *italien*
voir Pierre

Pilipo *hawaïen*
voir Philippe

Pindare *grec*
patronymique

Pindaros *grec*
voir Pindare

Pio *italien*
voir Pie

Piotr *polonais/russe*
voir Pierre

Placide *latin*
plaisant 5 OCT.

Platon *grec*
homme aux larges épaules
4 AVR.

Ploutarkhos *grec*
voir Plutarque

Plutarque *grec*
au-dessus de la richesse
21 JUIN

Pol
voir Paul

Polia *russe*
voir Hippolyte

Polig *breton*
voir Paul

Pollion
voir Paul

Polycarpe *grec*
plusieurs fruits 26 JANV.

Polycrate *grec*
plusieurs puissances 7 DÉC.

Polyeucte *grec*
plusieurs prières 12 FÉV.

Pomare *tahitien*
toux nocturne

Pompée *grec*
gloire 10 AVR.

Ponce *latin*
pont 26 NOV.

Pongrac *hongrois*
voir Pancrace

Ponui *polynésien*
grande nuit

Porchaire *latin*
porc 1er JUIN

Porfirio *espagnol*
voir Porphyre

Porphyre *grec*
marbre 26 FÉV.

Potentien *latin*
puissant 31 DÉC.

Pothin *grec*
passion 2 JUIN

Poul *danois*
voir Paul

Pourçain *latin*
porc 24 NOV.

Pragmat *grec*
action 22 NOV.

Praisko *basque*
voir François

Preben *danois*
voir Pierre

Preden *gallois*
breton

Prime *latin*
premier 9 FÉV.

Primel
voir Privel

Primo *italien*
voir Prime

Prismo *basque*
voir Prime

Prisque *latin*
antique 13 JUIN

Privaël
voir Privel

Privat *latin*
privé 21 AOÛT

Privel *celte*
allure princière 15 MAI

Probe *latin*
honnête 13 NOV.

Procope *grec*
progrès 8 JUIL.

Proinnsias *irlandais*
voir François

Prokopios *grec*
voir Procope

Proktor *grec*
voir Protais

Prolague *grec*
communicatif 10 FÉV.

Prophyrios *grec*
pierre pourpre

Prosper *latin*
prospère 25 JUIN

Prospero *espagnol*
voir Prosper

Protais *grec*
premier **19 JUIN**

Prudence *latin*
sagesse *(prénom mixte)* **1er AVR.**

Pulchrone *grec*
beau temps **20 OCT.**

Pyrrhos *grec*
feu **4 NOV.**

Pyrrhus
voir Pyrrhos

Q

Quay
voir Ké

Quentin *latin*
cinquième **31 OCT.**

Querrien
voir Kerrien

Quico *espagnol*
voir François

Quillien
voir Killian

Quincy *anglo-saxon*
voir Quentin

Quinide *franc*
mâchoire **15 FÉV.**

Quinis
voir Quinide

Quinn *celte*
le sage

Quintien
voir Quentin

Quintillien *latin*
cinquième **13 AVR.**

Quintin *espagnol*
voir Quentin

Quiriace *grec*
seigneur **29 DÉC.**

Quirin *grec*
citoyen **31 MARS**

Échos de nos régions

Les jeunes parents cherchent de plus en plus souvent pour leurs enfants des prénoms en référence à leurs origines régionales. Ainsi les prénoms régionaux sont-ils à l'honneur. Quelques exemples…

Du côté de la Bretagne :

- Alan
- Brieuc
- Corentin
- Dinan
- Elouan
- Eliaz
- Maël
- Malo

Du côté du Pays Basque :

- Bettiri
- Bixente
- Eguzki
- Gaïzka

En Gascogne :

- Aubin
- Eyquem
- Nadau
- Sauvesti
- Titouan

R

Raban *hébraïque*
grand seigneur **4 FÉV.**

Rachid *arabe*
bien dirigé

Radbod *germanique*
messager du conseil **29 NOV.**

Radek *slave*
voir Rodolphe

Radoslaw *polonais*
amour de la paix

Rafael *espagnol*
voir Raphaël

Rafaele *italien*
voir Raphaël

Rafaello *italien*
voir Raphaël

Rafaïl *russe*
voir Raphaël

Rafeloun *provençal*
voir Raphaël

Rafeu *provençal*
voir Raphaël

Raffaelle *italien*
voir Raphaël

Rafiq *arabe*
camarade

Raghnall *irlandais*
voir Réginald

Ragnar *suédois*
voir Renaud

Ragnebert *germanique*
illustre conseil **13 JUIN**

Ragnobert *germanique*
illustre conseil **14 FÉV.**

Ragnulf *scandinave*
loup conseiller

Ragouël *hébraïque*
ami de Dieu **29 SEPT.**

Ragnvard *suédois*
guerrier puissant

Rahiti *polynésien*
soleil levant

Raibeart *gaélique*
voir Robert

Raimondin
voir Raymond

Raimondo *espagnol/italien*
voir Raymond

Raimund *germanique*
voir Raymond

Raimundo *espagnol/italien*
voir Raymond

Rainart *germanique*
fort jugement

Rainer *germanique*
voir Rainier

Rainier *germanique*
conseil de l'armée **17 JUIN**

Raïs *arabe*
chef

Rajmund *hongrois*
voir Raymond

Ralph
voir Raoul

Rambert *germanique*
brillant conseil **13 JUIN**

Ramon *espagnol*
voir Raymond

Ramone *germanique*
voir Raymond

Ramoun *provençal*
voir Raymond

Ramuncho *espagnol*
voir Raymond

Ramutxo *basque*
voir Raymond

Ramzi *arabe*
honorable

Randolph
voir Rodolphe

Rani *arabe*
opulent

Ranieri *italien*
voir Rainier

Raoul *germanique*
conseil et loup **7 JUIL.**

Raphaël *hébraïque*
Dieu a guéri **29 SEPT.**

Raphail *russe*
voir Raphaël

Raphy ***(diminutif)***
voir Raphaël

Raul *espagnol*
voir Raoul

Ray ***(diminutif)***
voir Raymond

Raynal
voir Renaud

Rayan *anglo-saxon*
voir Briac

TOP 10 2003

Raphaël

Après l'immense succès de Michel, qui est encore le prénom le plus porté au monde sous toutes ses formes, et la vogue récente de Gabriel, voici Raphaël, le troisième archange, guérisseur et voyageur.

D'après la Bible, il fut envoyé par Dieu pour guérir Tobie de sa cécité et Sarah de sa stérilité. Il accompagna le fils de Tobie dans son voyage.

Raphaël est fêté avec Michel et Gabriel le 29 septembre.

Raymond *germanique*
protecteur du conseil **7 JANV.**

Reamonn *irlandais*
voir Raymond

Reda *arabe*
satisfait

Redempt *latin*
qui rachète **29 NOV.**

Regerio *italien*
voir Régis

Reggie *anglo-saxon*
voir Reginald

Reginald *germanique*
conseil du gouverneur **21 FÉV.**

Régis *latin*
roi **16 JUIN**

Regnault
voir Reginald

Regnier *germanique*
conseil de l'armée **4 AOÛT**

Regnobert *germanique*
illustre conseil **7 SEPT.**

Reia *polynésien*
qui saisit

Reinhold
voir Réginald

Reinald
voir Réginald

Reinier
voir Regnier

Reinold
voir Réginald

Remacle *latin*
rameur **3 SEPT.**

Rembert
voir Rambert

Rémi *latin*
remède **15 JANV.**

Remigio *basque*
voir Rémi

Rémy
voir Rémi

Renald
voir Réginald

Renan
voir Ronan

Renat *polonais*
voir René

Renate *suédois*
(prénom mixte) voir René

Renato *italien*
voir René

Renatu *corse*
voir René

Renatusz *hongrois*
voir René

Renaud *germanique*
conseil du gouverneur **17 SEPT.**

René *latin*
né à nouveau **19 OCT.**

Renobert
voir Regnobert

Renold
voir Réginald

Reol *espagnol*
royal **25 SEPT.**

Restitut *latin*
qui rend **7 NOV.**

Reurik *scandinave*
voir Rodéric

Reverien *latin*
qui respecte **1er JUIN**

Rey *espagnol*
voir Régis

Reynald
voir Réginald

Reynaldo *espagnol*
voir Réginald

Rhétice *grec*
orateur **19 JUIL.**

Rez *hongrois*
homme roux

Rezco *hongrois*
voir Rez

Rhett
voir Brettanion

Rhys *gallois*
passion

Riagad *celte*
combat de rois **29 JUIN**

Ricardo *espagnol/portugais*
voir Richard

Riccardo *italien*
voir Richard

Richard *germanique*
roi fort **3 AVR.**

Richaud *provençal*
voir Richard

Rikard *hongrois*
voir Richard

Rikart *finlandais*
voir Richard

Rickert *suédois*
voir Richard

Riec
voir Rieg

Rieg *celte*
roi **12 FÉV.**

Rieu
voir Rieg

Rigobert *germanique*
grande gloire **17 SEPT.**

Rigual
voir Riwal

Rimski *slave*
voir Roméo

Rinaldo *italien*
voir Ronald

Ringo *anglo-saxon*
voir Ringolf

Ringolf *germanique*
conseil du loup

Rioc
voir Rieg

Riocard *irlandais*
voir Richard

Rion
voir Riowen

Riou
voir Rieg

Riowen *celte*
heureux roi **14 AOÛT**

Riquier *germanique*
roi de l'armée **26 AVR.**

Risto *finlandais*
voir Christophe

Ritchie *anglo-saxon*
voir Richard

Riwal *celte*
roi valeureux **15 JUIL.**

Riwalan
voir Riwal

Riwan *celte*
roi en avance **18 FÉV.**

Riware *celte*
jeu de roi **19 SEPT.**

Roald *scandinave*
grande renommée

Roan *néerlandais*
voir Jérôme

Robert *germanique*
illustre gloire **30 AVR.**

Roberto *espagnol/italien/portugais*
voir Robert

Robi *hongrois*
voir Robert

Robin
voir Robert

Robinson
voir Robert

Rocco *italien*
voir Roch

Roch *germanique*
gloire 16 AOÛT

Rod *(diminutif)*
voir Rodolphe

Rodhlann *irlandais*
voir Roland

Rodan *irlandais*
rouge 15 AVR.

Rodani *arabe*
délicat

Rodéric *germanique*
gloire du roi 13 MARS

Rodger *scandinave*
glorieux porteur de lance

Rodolfo *espagnol/italien*
voir Rodolphe

Rodolphe *germanique*
loup glorieux 17 AVR.

Rodrigo *espagnol*
voir Rodrigue

Rodrigue *germanique*
gloire du roi 13 MARS

Rogasian *breton*
voir Rogatien

Rogat
voir Rogatien

Rogatien *latin*
prières 24 MAI

Rogdaï *slave*
riche

Rogel *basque*
voir Roger

Rogelio *espagnol*
voir Roger

Roger *germanique*
lance glorieuse 30 DÉC.

Rogerio *portugais*
voir Roger

Rogier *néerlandais*
voir Roger

Roibeard *irlandais*
voir Robert

Roibin *irlandais*
voir Robert

Roland *germanique*
terre glorieuse 15 SEPT.

Rolando *espagnol/italien/portugais*
voir Roland

Roldan *basque*
voir Roland

Rolf *scandinave*
guerrier renommé

Rollon
voir Rolf

Romain *latin*
romain **28 FÉV.**

Roman
voir Romain

Romano *italien*
voir Romain

Romanos *grec*
voir Romain

Romaric *germanique*
puissante gloire **10 DÉC.**

Rombald *germanique*
gloire audacieuse **3 JUIL.**

Roméo *latin*
de Rome **25 FÉV.**

Romieu *provençal*
voir Roméo

Romoaldo *italien*
voir Romuald

Romphaire *germanique*
famille glorieuse **26 NOV.**

Romuald *germanique*
gloire du gouverneur **19 JUIN**

Romulo *sud-américain*
voir Romain

Ronald
voir Réginald

Ronaldo *portugais*
voir Réginald

Ronan *celte*
royal **1er JUIN**

Ropars *breton*
voir Robert

Rorice *latin*
rosée **21 JUIL.**

Rory *irlandais*
voir Roderic

Roseind *germanique*
doux cheval **1er MARS**

Rotgang *germanique*
chemin de gloire **6 MARS**

Roth *germanique*
homme roux

Roubert *provençal*
voir Robert

Rouland *provençal*
voir Roland

Rowan *irlandais*
voir Romuald

Rowen *celte*
patronyme littéraire

Roy *anglo-saxon*
voir Régis

Ruaidhri *irlandais*
voir Roderic

Ruben *hébraïque*
c'est un fils

Rudger *germanique*
voir Roger

Rudi *germanique*
voir Rudolf

Rudolph *germanique*
voir Rodolphe

Rudy *(diminutif)*
voir Rodolphe

Rudyard
voir Rodolphe

Ruffo *italien*
voir Rufin

Rufin
voir Rufus

Rufinien
voir Rufus

Ruffino *sud-américain*
voir Rufus

Rufus *latin*
roux **14 JUIN**

Ruggero *italien*
voir Roger

Ruggiero *italien*
voir Roger

Rugwald
voir Romuald

Rui *portugais*
voir Régis

Rumwald
voir Romuald

Rune *suédois*
secret

Runi *(diminutif)*
voir Runolf

Runolf *scandinave*
loup confident

Rupert *germanique*
brillante gloire **29 MARS**

Ruperto *italien*
voir Rupert

Ruprecht *germanique*
voir Rupert

Rurik *scandinave*
puissant et glorieux

Ryan *anglo-saxon*
voir Briac

Ryszard *polonais*
voir Richard

S

Saadi *arabe*
gentil

Sabattore *basque*
voir Salvador

Sabin *latin*
de la famille Sabini **17 JANV.**

Sabinien
voir Sabin

Sabri *arabe*
patient

Sacerdon *latin*
prêtre **10 MARS**

Sacha *(diminutif)*
(prénom mixte) voir Alexandre

Sadoch *hébraïque*
juste

Sadoth
voir Sadoch

Saens
voir Sidoine

Safourian *provençal*
voir Symphorien

Sahale *amérindien*
faucon

Sahib *arabe*
compagnon

Saïd *arabe*
heureux

Saintin *latin*
consacré **2 SEPT.**

Sakarias *islandais*
voir Zacharie

Salam *arabe*
agneau

Salamon *basque/ hongrois*
voir Salomon

Salamun *breton*
voir Salomon

Salaun *breton*
voir Salomon

Salem *arabe*
sain

Salman
voir Salomon

Salomo *germanique*
voir Salomon

Salomon *hébraïque*
paix 29 DÉC.

Salvador *espagnol*
qui guérit 18 MARS

Salvatore *italien*
voir Salvador

Salvé
voir Salvien

Salvian
voir Salvien

Salvien *latin*
sauvé 11 JANV.

Salvin
voir Salvien

Salvy
voir Salvien

Sami *(diminutif)*
voir Samuel

Samir *arabe*
compagnon de la nuit

Samonas
voir Salomon

Sampson
voir Samson

Samson *hébraïque*
soleil 28 JUIL.

Samuel *hébraïque*
son nom est Dieu

Samy *(diminutif)*
voir Samuel

Samzun *breton*
voir Samson

Sanche *latin*
consacré 5 JUIN

Sancho *espagnol*
voir Sanche

Sander *germanique*
voir Alexandre

Sandor *hongrois*
voir Alexandre

Sandro *italien*
voir Alexandre

Sanor *basque*
voir Alexandre

Sansoun *provençal*
voir Samson

Santiago *espagnol*
voir Jacques

Santino *italien*
voir Sanche

Santxi *basque*
voir Sanche

Santxo *basque*
voir Sanche

Sanzi *basque*
voir Sancho

Sariel *hébraïque*
prince de Dieu — 29 SEPT.

Sarkis *arménien*
voir Serge

Sashenka *russe*
voir Alexandre

Satordi *basque*
voir Saturnin

Saturnin *latin*
du dieu Saturne — 29 NOV.

Saül *hébraïque*
demandé

Saustin *basque*
voir Sébastien

Sauvesti *gascon*
voir Sylvestre

Saverio *italien*
voir Xavier

Savié *provençal*
voir Xavier

Saviero *basque*
voir Xavier

Savin
voir Sabin

Savinien
voir Sabin

Savournin *provençal*
voir Saturnin

Schlomo *hébraïque*
forme originelle de Simon

Scott *écossais*
d'Ecosse — 8 NOV.

Sdenek *tchèque*
voir Sidoine

Seafra *irlandais*
voir Godefroy

Seaghan *irlandais*
voir Jean

Seamus *irlandais*
voir Jacques

Sean *irlandais*
voir Jean

Seanan *irlandais*
ancien — 8 MARS

Searbhreathach *irlandais*
voir Justin

Searlas *irlandais*
voir Charles

Sébasté *grec*
voir Sébastien

Sebasten *basque*
voir Sébastien

Sebastian
voir Sébastien

Sebastiano *espagnol/italien*
voir Sébastien

Sébastien *grec*
honoré 20 JANV.

Sebastyen *hongrois*
voir Sébastien

Seber *basque*
voir Séverin

Secondin *latin*
qui suit 27 NOV.

Sedar
voir Cédric

Séfir *arabe*
médiateur

Ségal *celte*
vieil ami 18 OCT.

Sejer *scandinave*
le vainqueur

Selaven *breton*
voir Salomon

Seleïman *arabe*
voir Salomon

Selim *arabe*
pacifique

Selman
voir Anselme

Senan
voir Seanan

Sendoa *basque*
force

Sengar
voir Segal

Senoch *latin*
vieux 24 OCT.

Seoirse *irlandais*
voir Georges

Seoras *gaélique*
voir Georges

Seosamh *irlandais*
voir Joseph

Séoud *arabe*
chanceux

Septime *latin*
septième 10 OCT.

Serafim *portugais*
voir Séraphin

Séraphin *latin*
séraphin 12 OCT.

Serapion *grec*
patronyme mythologique
voir Séraphin

Serbini *albanais*
voir Serge

Séréné *latin*
serein 23 FÉV.

Serge *latin*
de la famille Sergius **7 OCT.**

Sergine
voir Serge

Sergio *italien/portugais*
voir Serge

Sergios *grec*
voir Serge

Sergiusz *polonais*
voir Serge

Sergueï *russe*
voir Serge

Sernin *latin*
du dieu Saturne **29 NOV.**

Servais *latin*
esclave **14 MAI**

Servan *latin*
esclave **1er JUIL.**

Servilien *latin*
disposé au service **20 AVR.**

Servule
voir Servilien

Servin
voir Servan

Seth *hébraïque*
fondateur **30 JUIL.**

Seumas *gaélique*
voir Jacques

Seurin
voir Séverin

Seuvrin
voir Séverin

Sevastian *russe*
voir Sébastien

Sever *latin*
exigeant **1er FÉV.**

Sévère
voir Séverin

Severian
voir Sever

Séverien *latin*
austère **21 FÉV.**

Séverin *latin*
austère **27 NOV.**

Severino *espagnol*
voir Séverin

Severus *germanique*
voir Séverin

Seymour
voir Maur

Seznec
voir Sezni

Sezni *celte*
rayon de soleil **8 MARS**

Shaï *hébraïque*
cadeau

Shalom
voir Salomon

Shamir *hébraïque*
gardé

Shane *irlandais*
voir Jean

Shani *(diminutif)*
voir Salomon

Shanis *néerlandais*
voir Jean

Shannon *irlandais*
ancien *(prénom mixte)*

Sharif *arabe*
honnête

Shawn *irlandais*
(prénom mixte) voir Jean

Sheary *irlandais*
voir Godefroy

Shelley *anglais*
clairière

Shona *anglo-saxon*
(prénom mixte) voir Jean

Sidaine
voir Sidoine

Sidney *anglo-saxon*
voir Sezni

Sidoine *hébraïque*
de Sidon **14 NOV.**

Siegfried *germanique*
victoire de la paix **22 AOÛT**

Siegmund
voir Sigismond

Siffrein
voir Siegfried

Sigebaud
voir Sigisbald

Sigebert *germanique*
brillante victoire **1er FÉV.**

Sigefroi
voir Siegfried

Sigefroid
voir Siegfried

Sigefroy
voir Siegfried

Siger *scandinave*
vainqueur

Sigfrid
voir Siegfried

Sigisbald *germanique*
victoire audacieuse **26 OCT.**

Sigisbert
voir Sigebert

Sigismond *germanique*
protection et victoire **1er MAI**

Sigismondo *italien*
voir Sigismond

Sigiswald *germanique*
gouverneur de la victoire

Sigmar *scandinave*
célèbre victoire **1er FÉV.**

Sigmund *germanique*
voir Sigismond

Sigurd *scandinave*
gardien de la victoire

Sigvald *scandinave*
gardien par la victoire

Sigvard *scandinave*
glorieux combattant

Silan *russe*
moqueur 23 JUIN

Silas *grec*
voir Sylvestre

Silban *basque*
voir Sylvain

Silvano *italien*
voir Sylvain

Silvère *latin*
homme de la forêt 20 JUIN

Silvester *anglo-saxon*
voir Sylvestre

Silvestro *italien*
voir Sylvestre

Silvino *portugais*
voir Sylvain

Silvio *italien*
voir Silvère

Simao *portugais*
voir Simon

Siméon *hébraïque*
exaucé 5 JANV.

Simian
voir Maxime

Similian *breton*
voir Similien

Similien *latin*
semblable 16 JUIN

Simo *finlandais*
voir Simon

Simon *hébraïque*
exaucé 28 OCT.

Simonu *corse*
voir Simon

Simoun *provençal*
voir Simon

Simplice *latin*
simple 29 JUIL.

Simson *germanique*
voir Samson

Sinclair *anglo-saxon*
voir Clair

Sinibald *germanique*
chemin audacieux

Sinice *latin*
gauche 1er SEPT.

Siomon *irlandais*
voir Simon

Siran
voir Cyr

Sirice *grec*
seigneur **26 NOV.**

Siryah *arabe*
généreux

Siseal *irlandais*
voir Cécil

Sitivena *polynésien*
voir Etienne

Sivan *provençal*
voir Sylvain

Sixte *latin*
sixième **3 AVR.**

Sixto *basque*
voir Sixte

Siwili *amérindien*
queue du renard

Skeggi *scandinave*
viril

Skendër *albanais*
voir Alexandre

Sklaer *breton*
voir Clair

Slava *(diminutif)*
voir Iaroslav

Slawomir *slave*
gloire et paix

Smaïn
voir Ismaël

Smaragde *grec*
émeraude **10 MARS**

Snorre
voir Snorri

Snorri *islandais*
combattant

Socrate *grec*
puissant

Socratôs *grec*
voir Socrate

Soen
voir Yves

Sofian *arabe*
dévôt

Soïg *(diminutif)* *breton*
voir François

Solen *celte*
annuel **25 SEPT.**

Soliman *arabe*
voir Salomon

Solomon *russe*
voir Salomon

Solomoni *polynésien*
voir Salomon

Sonny *(diminutif)*
voir Orson

Sophonie *hébraïque*
Dieu a protégé **3 DÉC.**

Sören *danois*
voir Séverin

Sornin
voir Saturnin

Sosthène *grec*
sauveur **28 NOV.**

Soter *grec*
sauveur **22 AVR.**

Sôtêrios *grec*
voir Soter

Sour *latin*
qui surgit **9 MAI**

Spasao *croate*
salut

Spire
voir Exupère

Stacey *anglo-saxon*
voir Eustache

Staffan *suédois*
voir Etienne

Stanislas *slave*
victoire en marche **11 AVR.**

Stanislaus *germanique*
voir Stanislas

Stanley *anglo-saxon*
voir Stanislas

Stannes *germanique*
voir Stanislas

Stassia *russe*
voir Anastase

Stavri *albanais*
voir Etienne

Stavros *grec*
voir Etienne

Steafan *irlandais*
voir Etienne

Steben *basque*
voir Stéphane

Steen *danois*
voir Pierre

Stefano *italien*
voir Etienne

Steipan *croate*
voir Etienne

Steni *provençal*
voir Stanislas

Stépan *russe*
voir Etienne

Stéphane
voir Etienne

Stephen *anglo-saxon*
voir Etienne

Stepka *slave*
voir Etienne

Stevan *breton*
voir Etienne

Steve *anglo-saxon*
voir Etienne

Steven *anglo-saxon*
voir Etienne

Stevie *anglo-saxon*
voir Etienne

Stig *scandinave*
voyageur

Stigand *scandinave*
marcheur

Stoffel *germanique*
voir Etienne

Stuart *écossais*
gardien de l'Etat

Stylian *grec*
colonne **26 NOV.**

Suitbert *germanique*
illustre victoire **1er MARS**

Suléïman *arabe*
voir Salomon

Suliac *celte*
homme du soleil **2 OCT.**

Sulian *gallois*
né du soleil **29 JUIL.**

Sullivan *irlandais*
homme aux yeux noirs

Sulpice *latin*
de la famille Sulpicius **29 JANV.**

Svarting *scandinave*
noiraud

Svein
voir Sven

Sven *scandinave*
jeune homme **5 DÉC.**

Svenbjorn *scandinave*
jeune ours

Sverre *scandinave*
fier

Sviatoslav *slave*
sainte gloire

Swann *gaélique*
cygne

Swanny ***(diminutif)***
voir Swann

Swein
voir Svein

Symeon
voir Simon

Sylvain *latin*
homme de la forêt **4 MAI**

Sylvano *italien*
voir Sylvain

Sylvanos *grec*
voir Sylvain

Sylvère
voir Silvère

Sylvester *anglo-saxon*
voir Sylvestre

Sylvestre *latin*
homme de la forêt **31 DÉC.**

Symmaque *grec*
combat ensemble **19 JUIL.**

Symphorian
voir Symphorien

Symphorien *grec*
qui porte **22 AOÛT**

Szervac *hongrois*
voir Servais

Szilard *hongrois*
voir Constantin

Szymon *polonais*
voir Simon

Les prénoms sous la Révolution

Tout ou presque était permis dans ce temps-là. Voici quelques prénoms donnés sous la Révolution française, qui témoignent de l'imagination fertile des heureux parents.

- Balzamine
- Bourrache
- Brutus
- Égalité
- Jasmin Acacia
- Patriophile
- Plaisir
- Radis
- Sans-Culotte
- Tranquille

T

Taaveti *finlandais*
voir Davie

Tachko *albanais*
voir Anastase

Tadeg *celte*
père **2 DÉC.**

Tadeo *basque/espagnol*
voir Thaddée

Tadeusz *polonais*
voir Thaddée

Tadzio *russe*
voir Thaddée

Tahar *arabe*
innocent

Tahi *tahitien*
résistant

Tahitoa *polynésien*
premier guerrier

Takis
voir Panagiotis

Talan *celte*
front

Tamar *hébraïque*
palmier

Tamas *hongrois*
voir Thomas

Tamatoa *tahitien*
fils du corail

Tamil *arabe*
soutien

Tancelin
voir Anselme

Tancrède *grec*
pensée

Tané *polynésien*
homme

Tanel *arménien*
voir Daniel

Taneli *finlandais*
voir Daniel

Tangi
voir Tanguy

Tanguy *celte*
guerrier de feu **19 NOV.**

Tankred
voir Tancrède

Tanneguy
voir Tanguy

Taoub *arabe*
pénitent

Tapani *finlandais*
voir Etienne

Taraise *latin*
de Tarente **25 FÉV.**

Taran *celte*
tonnerre

Tarasii *russe*
voir Taraise

Tarass *grec*
inquiet **10 MARS**

Tarek *arabe*
courageux

Tarieg *celte*
colline

Tariq *arabe*
astre de la nuit

Tarlach *irlandais*
assistant

Tasunke *amérindien*
cheval

Tatien *latin*
de la famille Tatius **12 JANV.**

Tavita *polynésien*
voir David

Teadoir *irlandais*
voir Théodore

Tearlach *gaélique*
voir Charles

Tébald
voir Thibaut

Ted *(diminutif)*
voir Edouard

Teddy *(diminutif)*
voir Edouard

Tedor *germanique*
voir Théodore

Tegonec *celte*
chien **6 SEPT.**

Tehei *polynésien*
couronné

Téhina *polynésien*
arrière-petit-fils

Teiki *polynésien*
enfant roi

Teilo *gallois*
dieu **25 NOV.**

Teiva *polynésien*
prince des îles

Têlema *grec*
voir Télémaque

Télémaque *grec*
lointain combat 1er JANV.

Telesphore *grec*
qui porte loin 5 JANV.

Telmo *espagnol*
voir Anthelme

Telo *gallois*
dieu 9 FÉV.

Tenedor
voir Tenenan

Tenenan *celte*
élévation 16 JUIL.

Tennesse *américain*
état des USA

Teodor *polonais/suédois*
voir Théodore

Teodoro *espagnol*
voir Théodore

Téodoru *corse*
voir Théodore

Teofil *polonais*
voir Théophile

Teoudor *provençal*
voir Théodore

Térence *latin*
des Térentius 10 AVR.

Terentii *russe*
voir Térence

Terii *tahitien*
roi

Terje
voir Thorgeir

Terkel
voir Thorketil

Terry *anglo-saxon*
voir Térence

Tertullien *latin*
troisième 30 AVR.

Tertullio *italien*
voir Tertullien

Tescelin
voir Anselme

Teuira *tahitien*
éclair

Teumana *polynésien*
pouvoir

Thaddaüs *germanique*
voir Thaddée

Thaddée *araméen*
allaité 28 OCT.

Thanas *grec*
voir Athanase

Thanasis
voir Athanase

Thanos
voir Athanase

Tharcille *latin*
de la ville de Tarsus 23 AOÛT

Théau *grec*
Dieu 7 JANV.

Thélau
voir Teilo

Théo *(diminutif)*
voir Théodore

Theobald
voir Thibaut

Theodard *germanique*
peuple dur 1er MAI

Theodebald
voir Thibaut

Théodemir *germanique*
peuple slave 19 NOV.

Théodore *grec*
don de Dieu 9 NOV.

Théodoric *germanique*
peuple roi 1ER JUIL.

Théodorit
voir Théodore

Théodose *grec*
don de Dieu 11 JANV.

Theodosii *russe*
voir Théodose

Theodosios *grec*
voir Théodose

Theodote
voir Théodore

Theodotion
voir Théodore

Theodrekr *norvégien*
voir Théodore

Théodule *grec*
esclave de Dieu 17 FÉV.

Théodulphe
voir Théodule

Theofroy *germanique*
peuple et paix 26 JANV.

Théogène *grec*
né de Dieu 3 JANV.

Thégonnec
voir Tégoneg

Théole *grec*
de Dieu

Théon *grec*
dieu 4 AVR.

Théonas
voir Théon

Théophane *grec*
Dieu lumineux 2 FÉV.

Théophile *grec*
qui aime Dieu 4 FÉV.

Théophore *grec*
qui porte Dieu

Théophraste *grec*
qui parle de Dieu 5 NOV.

Théotime *grec*
honneur de dieu 5 NOV.

Theudere *germanique*
peuple **29 OCT.**

Thibald
voir Thibaut

Thibaud
voir Thibaut

Thibault
voir Thibaut

Thibaut *germanique*
Dieu audacieux **8 JUIL.**

Thibert *germanique*
peuple brillant **27 AVR.**

Thiébaut
voir Thibaut

Thierry
voir Théodoric

Thomas *latin*
jumeau **3 JUIL.**

Thor *danois*
du dieu Thor

Thorbjorn *scandinave*
ours de Thor

Thorfrid *scandinave*
sous la protection de Thor

Thorgeir *scandinave*
épieu de Thor

Thorgis *scandinave*
voué à Thor

Thorkel *scandinave*
voir Thorketil

Thorketil *scandinave*
chaudron de Thor

Thorkil *scandinave*
casque de Thor

Thorlak *scandinave*
jeu de Thor **23 DÉC.**

Thorleif *scandinave*
fils de Thor

Thormod *scandinave*
courage de Thor

Thorolf *scandinave*
loup de Thor

Thorstein *scandinave*
pierre de Thor

Thorvald *scandinave*
puissance de Thor

Thureau
voir Arthur

Thurel
voir Arthur

Thurial
voir Turio

Tiarnach *gaélique*
chef **4 AVR.**

Tiarnan
voir Tiarnach

Tibalt *basque*
voir Thibaut

Tibère *latin*
du Tibre

Tiberio *italien*
voir Tibère

Tibériu *corse*
voir Tibère

Tibold *suédois*
voir Thibault

Tibor *hongrois*
bel endroit

Tiburce *latin*
de la ville de Tibur 14 AVR.

Tieru *corse*
voir Tibère

Tiko *polynésien*
il existe

Tilio
voir Télo

Tilley *basque*
tilleul

Tilman *scandinave*
homme habile

Tim *(diminutif)*
voir Timothée

Timaï *grec*
honneur 20 NOV.

Timéo *(diminutif)*
voir Timothée

Timo *finlandais*
voir Timothée

Timoléon *grec*
honneur du lion

Timoloas *grec*
honneur du peuple 24 MARS

Timon *grec*
honneur 19 AVR.

Timopheï *russe*
voir Timothée

Timotéo *italien*
voir Timothée

Timothée *grec*
honneur de Dieu 24 JANV.

Timotheus *germanique*
voir Timothée

Timothy *anglo-saxon*
voir Timothée

Timouteu *catalan*
voir Timothée

Tioma *russe*
qui a la réputation de Dieu
4 FÉV.

Tiomaid *irlandais*
voir Timothée

Tite *latin*
inscription 26 JANV.

Titien *latin*
diplômé 16 JANV.

Titouan
voir Antoine

Titoune *provençal*
voir Antoine

Tivadar *hongrois*
voir Théodore

Tivizio *celte*
science **18 JUIL.**

Toan *basque*
voir Jean

Toanui *polynésien*
grand guerrier

Toanxe *basque*
voir Jean

Tobia *italien*
voir Tobie

Tobias *germanique/suédois*
voir Tobie

Tobie *hébraïque*
Dieu est bon

Todd *écossais*
renard

Todor *basque/bulgare/hongrois*
voir Théodore

Toine *(diminutif)*
voir Antoine

Tokala *amérindien*
renard

Tola *russe*
voir Anatole

Tolenka *russe*
voir Anatole

Tolia *russe*
voir Anatole

Toloméo *italien*
voir Barthélémy

Tom *(diminutif)*
voir Thomas

Toma *roumain*
voir Thomas

Tomaisin *irlandais*
voir Thomas

Tomas *espagnol/suédois*
voir Thomas

Tomaso *italien*
voir Thomas

Tomasso *italien*
voir Thomas

Tomasz *polonais*
voir Thomas

Toninnan
voir Tenenan

Tonio *(diminutif)*
voir Antoine

Tony *(diminutif)*
voir Antoine

Toribio *basque*
route

Torbjôrn *scandinave*
ours tonnerre

Tormod *gaélique*
voir Norman

Torphin
voir Trophime

Toumas *provençal*
voir Thomas

Traugott *germanique*
vérité de Dieu

Trèmeur *celte*
très grand — 7 NOV.

Trestan
voir Tristan

Trévor
voir Trémeur

Trifun *croate*
voir Tryphon

Tristan *gallois*
patronymique — 12 NOV.

Tristanu *corse*
voir Tristan

Tristao *portugais*
voir Tristan

Troade *grec*
de la ville de Troie — 28 DÉC.

Trojan *latin*
de Troie — 30 NOV.

Tropez *grec*
déroute — 29 AVR.

Trophime *grec*
nourricier — 29 DÉC.

Trudbert *germanique*
fidèle et illustre — 26 AVR.

Trudo *germanique*
fidèle — 23 NOV.

Tryphon *grec*
magnifique — 19 AVR.

Tual
voir Tugdual

Tuari *amérindien*
jeune aigle

Tudal
voir Tugdual

Tudeg
voir Tudi

Tudi *celte*
peuple — 9 MAI

Tudor *gallois*
peuple roi

Tudual
voir Tugdual

Tudwal
voir Tugdual

Tugdual *celte*
grande valeur — 30 NOV.

Tugen *celte*
bonne race — 24 JUIN

Tullio *italien*
voir Tertullien

Tuomas *finlandais*
voir Thomas

Tuono *finlandais*
voir Antoine

Turibe *grec*
issue **23 MARS**

Turio *celte*
héritier **13 JUIL.**

Turold
voir Thorvald

Tuzal
voir Tugdual

Txabi *basque*
voir Xavier

Txuri *basque*
blanc

Tyler *américain*
couvreur

Tymoteusz *polonais*
voir Timothée

Tyrone *gaélique*
de la terre d'Eogan

Humour ou sale tour...

Un des principes à respecter dans le choix d'un prénom est l'harmonie phonétique, c'est-à-dire l'heureux mariage, à l'oreille, des syllabes du prénom et du nom. Ainsi, Romain Servier est plus harmonieux que Romain Minguy.

Rien de grave, cependant. Mais peut-on avoir le sens de l'humour au point de chercher à faire un jeu de mots avec l'identité de son enfant ?

Combien de Jean Bon et de Paul Hochon ont dû rougir en se présentant, depuis l'école !

U

Ubald *germanique*
intelligence audacieuse **9 AVR.**

Uberto *italien*
voir Hubert

Ubertu *corse*
voir Hubert

Udalric *germanique*
intelligence du roi **2 JUIN**

Ugo *italien*
voir Hugues

Ugolin
voir Hugues

Ugutz *basque*
voir Baptiste

Uilleam *gaélique*
voir Guillaume

Uisdean *gaélique*
voir Hugues

Uinseann *irlandais*
voir Vincent

Uistean *irlandais*
voir Hugues

Ulderic *germanique*
puissante patrie

Ulf *scandinave*
voir Ulphe

Ulfrid *germanique*
paix du loup **18 JANV.**

Ulmer
voir Ulrich

Ulphe *germanique*
loup **31 JANV.**

Ulpian
voir Ulpien

Ulpien *germanique*
loup **3 AVR.**

Ulrich *germanique*
roi loup **10 JUIL.**

Ultan *irlandais*
prince **4 SEPT.**

Ulysse *grec*
patronymique

Umar
voir Omer

Umberto *italien*
voir Humbert

Umea *basque*
enfant

Unaï *basque*
berger

Uniac *celte*
unique — 4 AOÛT

Unieg
voir Uniac

Urbain *latin*
de la ville — 19 DÉC.

Urban
voir Urbain

Urbano *espagnol*
voir Urbain

Urbice
voir Urbain

Urbique
voir Urbain

Urfol *celte*
héritier — 17 SEPT.

Uriel *hébraïque*
Dieu est léger — 29 SEPT.

Urien *gallois*
héritage — 13 JUIL.

Ursan *latin*
ours — 20 DÉC.

Ursin *latin*
voir Ursan

Ursinien
voir Ursan

Ursmar *latin/germanique*
ours brillant — 19 AVR.

Ursyn *polonais*
voir Ursin

Urtzi *basque*
ciel

Uwan
voir Ewen

V

Vaast
voir Gaston

Vaclav *tchèque*
espoir de paix

Vadim *slave*
qui attire 22 AVR.

Vaïk *(diminutif)*
voir Etienne

Vainui *polynésien*
grand homme

Vaise *latin*
de Vaison 16 AVR.

Valbert *germanique*
illustre gouverneur 12 JUIL.

Valborg *suédois*
puissante montagne

Valdemar
voir Waldemar

Valens *latin*
vaillant 1er JUIN

Valentin *latin*
vaillant 14 FÉV.

Valentinien
voir Valentin

Valéran
voir Valère

Valère *latin*
valeureux 29 JANV.

Valeri *russe*
voir Valère

Valéric
voir Valère

Valérien
voir Valère

Valerio *italien*
voir Valère

Valéry
voir Valère

Valfrid *suédois*
forte paix

Vallier *germanique*
qui fortifie 22 OCT.

Vambert *germanique*
illustre gouverneur 26 JUIN

Vanda *suédois*
voir Walter

Vandon *gouverneur*
17 AVR.

Vané *polynésien*
orné de plumes

Vaneng *germanique*
gouverneur à la lame 9 JANV.

Vania *russe*
(prénom mixte) voir Jean

Vaningue
voir Vaneng

Vaodez
voir Maudan

Vare *latin*
varié 19 OCT.

Vareke *polynésien*
voir Franck

Varnaba *russe*
voir Barnabé

Varnier
voir Werner

Vartan *arménien*
martyr

Vasco *espagnol*
basque

Vasile *roumain*
voir Basile

Vassili *russe*
voir Basile

Vassilis *grec*
voir Basile

Vassula
voir Basile

Vasyl *ukrainien*
voir Basile

Vaughn *gallois*
petit

Vavro *tchèque*
voir Laurent

Veit *germanique*
voir Guy

Veith *suédois*
voir Guy

Velasco
voir Vasco

Venaïg
voir Névénoé

Venance *latin*
accueilli 14 DÉC.

Venant
voir Venance

Venerand *germanique*
qui vénère 24 DÉC.

Venedictos *grec*
voir Benoît

Venceslas *slave*
couronné de gloire 28 SEPT.

Venjamin *russe*
voir Benjamin

Vennec
voir Gwezhennec

Venoc
voir Gwenneg

Ventura *italien*
voir Bonaventure

Venturin *latin*
avenir 28 MARS

Veran *latin*
vrai 19 OCT.

Vermond *germanique*
protection

Verner
voir Werner

Verney
voir Werner

Verniamin *grec*
voir Benjamin

Vernier
voir Werner

Vernon *latin*
printanier

Vespasien *latin*
patronymique

Viance *latin*
homme qui vainct 2 JANV.

Vianney *français*
patronymique 4 AOÛT

Viateur *latin*
chemin 9 AOÛT

Vibert
voir Wibert

Vicenc *albanais*
voir Vincent

Vicente *espagnol/italien*
voir Vincent

Victor *latin*
victoire 21 JUIL.

Victorien *latin*
victorieux 23 MARS

Vido *croate*
voir Guy

Vidor *hongrois*
voir Victor

Vigile *latin*
veilleur 26 JUIN

Vigor *latin*
vigoureux 3 NOV.

Vikenti *russe*
voir Vincent

Viktoras *lituanien*
voir Victor

Viktory *russe*
voir Victor

Vilhelm *danois/roumain/suédois*
voir Guillaume

Viliame *polynésien*
voir Guillaume

Vilmos *hongrois*
voir Guillaume

Vince *hongrois*
voir Vincent

Vincent *latin*
vainqueur **27 SEPT.**

Vincente *portugais*
voir Vincent

Vincentien
voir Vincent

Vincentius *germanique*
voir Vincent

Vincenz *germanique*
voir Vincent

Vincenzo *italien*
voir Vincent

Vincze *hongrois*
voir Vincent

Vindicien *latin*
vengeur **11 MARS**

Vinoch
voir Gwenneg

Virgile *latin*
patronymique **10 OCT.**

Virgilio *espagnol*
voir Virgile

Visant *breton*
voir Vincent

Vital *latin*
plein de vie **4 NOV.**

Vitale *italien*
voir Vital

Vitalien
voir Vital

Viti *polynésien*
des îles Fidji

Vito *espagnol*
voir Guy

Vitold *germanique*
colline blanche

Vitour *provençal*
voir Victor

Vittor *roumain*
voir Victor

Vittore *italien*
voir Victor

Vittorio *italien*
voir Victor

Vitturinu *corse*
voir Victorien

Vitu *roumain*
voir Guy

Vitus *suédois*
voir Guy

Vivence *latin*
vivant 13 JANV.

Viventien *latin*
4 AOÛT

Vivian
voir Vivien

Vivien *latin*
vivant 10 MARS

Vladislas *slave*
glorieux 27 JUIN

Vlasii *russe*
voir Basile

Voel *franc*
voué 5 FÉV.

Volcan *latin*
du dieu Vulcain 20 FÉV.

Voldemar
voir Waldemar

Volker *germanique*
homme du peuple

Volodia *russe*
(prénom mixte) voir Vladimir

Volter
voir Gautier

Volusien *latin*
qui roule 18 JANV.

Vougay *celte*
étincelle 15 JUIN

Vuk *croate*
loup

Vulfran
voir Wulfran

Vulgan *latin*
commun des mortels 2 NOV.

Vulmar
voir Wilmart

Vulmer
voir Wilmart

W

Waast
voir Gaston

Waddy *(diminutif)*
voir Vladimir/Wladimir

Walbert *germanique*
brillant gouverneur **2 MAI**

Waldemar *germanique*
illustre chef **15 JUIL.**

Waldo
voir Waldemar

Walder
voir Walter

Walderich *germanique*
puissant gouverneur **29 NOV.**

Waldo
voir Gaud

Waldy *(diminutif)*
voir Vladimir/Wladimir

Walfrid *germanique*
gouverneur de la paix **15 FÉV.**

Walfy *(diminutif)*
voir Walfrid

Walfroy
voir Walfrid

Walid *arabe*
nouveau-né

Wallace *gallois*
de Galles

Wallerand *germanique*
corbeau étranger **26 FÉV.**

Wallis *(diminutif)*
voir Wallace

Wally *(diminutif)*
voir Walter

Walram
voir Wallerand

Walt *(diminutif)*
voir Walter

Walter *germanique*
chef d'armée **27 FÉV.**

Wambert
voir Vambert

Wamblee *amérindien*
aigle

Wandelin *germanique*
doux gouverneur **22 JUIL.**

Wandrille *germanique*
gouverneur **22 JUIL.**

Waninge
voir Vaneng

Waroc
voir Guirec

Warren *anglo-saxon*
voir Werner

Wasil *bulgare*
voir Basile

Weltaz
voir Gildas

Wenceslas
voir Venceslas

Wenzel *suédois*
voir Venceslas

Werner *germanique*
armée protectrice 26 AVR.

Wibert *germanique*
illustre combat 13 AOÛT

Wicent *polonais*
voir Vincent

Wido
voir Guy

Wienczyslaw *polonais*
voir Venceslas

Wikoli *hawaïen*
voir Victor

Wiktor *polonais*
voir Victor

Wildrad *germanique*
conseil du bois 3 OCT.

Wilfried *germanique*
qui veut la paix 12 OCT.

William
voir Guillaume

Wiliama *hawaïen*
voir Guillaume

Willard
voir Willehad

Wilhelm
voir Guillaume

Willebrord
voir Willibrord

Willehad *germanique*
volonté de combat 8 NOV.

Willibald *germanique*
volonté audacieuse 7 JUIN

Willibrord *germanique*
flèche du dieu Willi 7 NOV.

Willigis *germanique*
otage 23 FÉV.

Willis
voir Willigis

Willy *(diminutif)*
voir Guillaume

Wilmart *germanique*
illustre volonté 20 JUIL.

Wilson *anglo-saxon*
voir Guillaume

Winebald *germanique*
ami audacieux 18 DÉC.

Winebaud
voir Winebald

Winfried *germanique*
ami de la paix

Winnie *(diminutif)*
voir Winnoc

Winnoc *celte*
sacré 6 NOV.

Winston *germanique*
ami de la pierre 1er JUIN

Wistan
voir Winston

Witikind *germanique*
enfant de la forêt 7 JANV.

Witold *polonais*
voir Guy

Wladimir *slave*
paix du roi 15 JUIL.

Wladislas
voir Vladislas

Wladislaw
voir Vladislas

Wolbodon *germanique*
loup messager 21 AVR.

Wolfgang *germanique*
lance du loup 31 OCT.

Wolfram
voir Wulfran

Woodrow *anglais*
rangée d'arbres

Woody
voir Woodrow

Wulfran *germanique*
loup et corbeau 20 MARS

Wulphy *germanique*
loup 7 JUIN

Wulstan
voir Wolfgang

Wulsin *germanique*
chemin du loup 8 JANV.

Wynne *irlandais*
beau

Wynnin *celte*
montagne blanche 21 JANV.

Wynono *amérindien*
fils aîné

X

Xanthéas *grec*
de Xanthos **10 MARS**

Xabier *basque*
voir Xavier

Xavier *basque*
maison neuve **3 DÉC.**

Xénophon *grec*
son étranger **26 JANV.**

Xyste *grec*
voir Sixte

Yacob
voir Jacob

Yael *hébraïque*
antilope *(prénom mixte)*

Yagu
voir Jacob

Yaguel
voir Jacob

Yann *breton*
voir Jean

Yannakis *grec*
voir Jean

Yannick *breton*
voir Jean

Yannis *grec*
voir Jean

Yaouen
voir Joévin

Yedidya *hébraïque*
judéen

Yeghia *arménien*
voir Elie

Yehor *ukrainien*
voir Georges

Yéhoram
voir Joram

Yehudi
voir Judas

Yekel
voir Judicaël

Yestin *gallois*
voir Justin

Yishaï
voir Ichaï

Yngve *suédois*
maître

Yoav
voir Joab

Yoël
voir Joël

Yoen
voir Yves

Yohan
voir Jean

Yohanan
voir Jean

Yonan
voir Jean

Yonas
voir Jonas

Yossi
voir Joseph

Younès *arabe*
voir Jonas

Youri *russe*
voir Georges

Youssef *arabe*
voir Joseph

Youssouf *arabe*
voir Joseph

Youwan
voir Yves

Yrjö *finlandais*
voir Georges

Ysice *grec*
bon blé

Yul *russe*
voir Jules

Yure *ukrainien*
voir Georges

Yurii *russe*
voir Georges

Yuthika *cambodgien*
force de l'âme

Yvain
voir Yves

Yvan
voir Jean

Yvelain
voir Yves

Yvelin
voir Yves

Yves *celte*
if **19 MAI**

TOP 10 2008

Yanis

On connaissait depuis longtemps Yann et Yannick, formes bretonnes de Jean, mais toutes deux ont vécu et sont passées de mode... Yanis prend le relais depuis le début de ce siècle. Orthographié avec un ou deux n, ce prénom est la forme grecque de Jean. Hébraïque, Jean signifie « Dieu a fait grâce ». On le fête le 24 juin, à la mémoire de Jean le Baptiste, qui annonçait la venue du Christ au bord du fleuve Jourdain et baptisait avec l'eau du fleuve tous ceux qu'il convertissait. Moralisateur, il reprocha à Hérodote sa vie dissolue et fut décapité.

Z

Zachaios *grec*
voir Zacharie

Zacarias *espagnol*
voir Zacharie

Zacharie *hébraïque*
Dieu s'est souvenu **5 NOV.**

Zachée *hébraïque*
mémoire

Zakai
voir Zachée

Zadig *arménien*
Pâques

Zaharia *roumain*
voir Zacharie

Zahir *arabe*
brillant

Zaïg
voir Louis

Zakaria *arabe*
voir Zacharie

Zakharya *russe*
voir Zacharie

Zavier *provençal*
voir Xavier

Zébédée *hébraïque*
don de Yahvé

Zébulon *hébraïque*
résident

Zeev *hébraïque*
loup

Zefirin *hongrois*
voir Zéphyr

Zeki *arabe*
intelligent

Zénas *grec*
don de Zeus

Zénobe *grec*
étranger **29 OCT.**

Zénodore *grec*
voir Zénas

Zénon *grec*
étranger **12 AVR.**

Zepa
voir Joseph

Zéphyr *grec*
zéphyr **26 AOÛT**

Zéphyrin
voir Zéphyr

Zidan *arabe*
prospérité

Zidore
voir Isidore

Zinedine *arabe*
beau

Zinobii *russe*
voir Zénobe

Zoël *grec*
vie **24 MAI**

Zoile
voir Zoël

Zoltan *grec*
vie

Zoran *croate*
aurore

Zozime *grec*
vigoureux

Zsigmond *hongrois*
voir Sigismond

Zygmunt *polonais*
voir Sigismond

Bibliographie

La Bible des Prénoms, Florence Le Bras
- **Editions Marabout**

Maxi-Prénoms, Florence Le Bras
- **Editions Marabout**

Prénoms en Bretagne, Gilles et Bleuzen du Pontavice
- **Editions Ouest-France**

Tous les prénoms celtes, Alain Stephan
- **Gisserot**

Dictionnaire des prénoms celtiques, Albert Deshayes
- **Chasse Marée/ArMen**

Les prénoms arabes, Fatiha Dib
- **L'Harmattan**

Les Noms du monde entier
- **Archives et culture**

Diccionario de nombres vascos, Xarles Bidegain
- **Elkarlanean**

Santi e Fanti, Enzo La Stelle
- **Zanichelli**

De mooiste Moderne en Klassieke voornamen
- **Zuidnederlanse Uitgeveri**

El gran libro de los nombres, JM Albaigès
- **Planeta**

The melting pot baby names, Connie Lockhart Ellefsson
- **Betterway Books**

Il primo pensiero, Mauro Pezzato et Sabrina Visentin
- **Italia Letteraria**

20001 names for baby, Carol Mc D. Wallace
- **Avon Books**

Impression réalisée sur presse offset par

CPI
Brodard & Taupin

La Flèche (Sarthe), le 31-10-2007
44045 – Dépôt légal : octobre 2007
Imprimé en France